Reader's Bank
Photo by @triple_jj.327

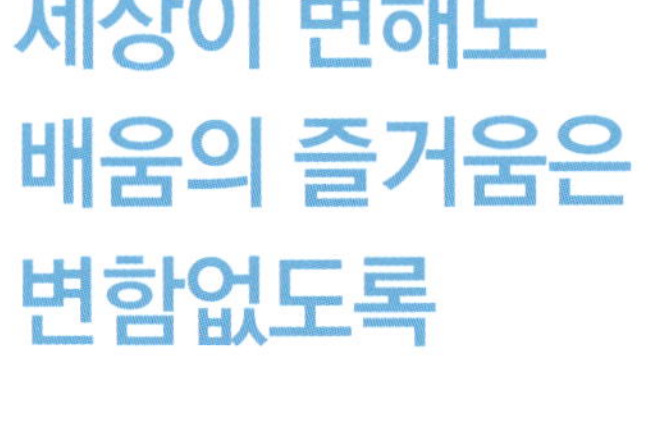

시대는 빠르게 변해도
배움의 즐거움은
변함없어야 하기에

어제의 비상은
남다른 교재부터
결이 다른 콘텐츠
전에 없던 교육 플랫폼까지

변함없는 혁신으로
교육 문화 환경의 새로운 전형을
실현해왔습니다.

비상은 오늘, 다시 한번
새로운 교육 문화 환경을 실현하기 위한
또 하나의 혁신을 시작합니다.

오늘의 내가 어제의 나를 초월하고
오늘의 교육이 어제의 교육을 초월하여
배움의 즐거움을 지속하는 혁신,

바로, 메타인지 기반 완전 학습을.

상상을 실현하는 교육 문화 기업 비상

메타인지 기반 완전 학습

초월을 뜻하는 meta와 생각을 뜻하는 인지가 결합한 메타인지는
자신이 알고 모르는 것을 스스로 구분하고 학습계획을 세우도록 하는
궁극의 학습 능력입니다. 비상의 메타인지 기반 완전 학습 시스템은
잠들어 있는 메타인지를 깨워 공부를 100% 내 것으로 만들도록 합니다.

단어장

01 엄마 입이 보금자리 14쪽

- ☐ **be full of** — ～으로 가득차다
- ☐ **free** [fri:] 프뤼: — 형 자유로운
- ☐ **keep** [ki:p] 키:ㅍ — 동 두다, 보관하다
- ☐ **lay** [lei] 레이 — 동 (알을) 낳다
- ☐ **protect** [prətékt] 프뤄텍ㅌ — 동 보호하다
- ☐ **rest** [rest] 뤠스ㅌ — 동 쉬다
- ☐ **turn into** — ～으로 변하다
- ☐ **unusual** [ʌnjúːʒuəl] 언유:주얼 — 형 특이한, 색다른

02 충격적인 비밀 15쪽

- ☐ **busy** [bízi] 비지 — 형 붐비는; 바쁜
- ☐ **close** [klous] 클로우ㅅ — 형 가까운, 친밀한
- ☐ **quietly** [kwáiətli] 콰이어틀리 — 부 조용하게
- ☐ **recently** [ríːsəntli] 뤼:슨틀리 — 부 최근에
- ☐ **response** [rispáns] 뤼스판ㅆ — 명 대답; 반응
- ☐ **secret** [síːkrit] 씨:크뤼ㅌ — 명 비밀
- ☐ **shocking** [ʃákiŋ] 샤킹 — 형 충격적인, 놀랄 만한
- ☐ **whisper** [hwíspər] 위스뻐r — 동 속삭이다

☐ **called** [kɔːld] 콜ː드	형	~라고 불리는
☐ **college** [kάlidʒ] 칼리쥐	명	대학
☐ **company** [kʌ́mpəni] 컴퍼니	명	회사
☐ **human** [hjúːmən] 휴ː먼	명	인간
☐ **lead** [liːd] 리ː드	동	이끌다, 주도하다
☐ **named** [neimd] 네임드	형	~라는 이름의
☐ **own** [oun] 오운	형	자신의
☐ **program** [próugræm] 프로우그램	동	(컴퓨터) 프로그램을 짜다
☐ **teach** [tiːtʃ] 티ː취	동	가르치다
☐ **technology** [teknάlədʒi] 텍날러쥐	명	기술
☐ **think of**		~을 생각하다
☐ **together** [təɡéðər] 터게더r	부	함께

04 변신의 왕은 바로 나!   20쪽

- ☐ **chameleon** [kəmíːliən] 커밀ː리언   명 카멜레온
- ☐ **change** [tʃeindʒ] 체인쥐   동 바꾸다
- ☐ **come from**   ~에서 오다
- ☐ **hide** [haid] 하이ㄷ   동 숨다
- ☐ **imitate** [ímitèit] 이미테이ㅌ   동 따라 하다, 모방하다
- ☐ **shape** [ʃeip] 쉐이ㅍ   명 모양
- ☐ **skill** [skil] 스끼을   명 기술
- ☐ **survive** [sərváiv] 써r바이ㅂ   동 생존하다

05 용돈을 올려 받은 비결   21쪽

- ☐ **a week**   일주일마다
- ☐ **allowance** [əláuəns] 얼롸우언ㅅ   명 용돈
- ☐ **come up with**   ~을 생각해 내다
- ☐ **decide** [disáid] 디싸이ㄷ   동 결정하다
- ☐ **get** [get] 겔   동 받다
- ☐ **idea** [aidíːə] 아이디ː어   명 생각, 아이디어
- ☐ **mind** [maind] 마인ㄷ   명 마음
- ☐ **raise** [reiz] 뤠이ㅈ   동 (가격 등을) 올리다

- **avoid** [əvɔ́id] 어보이드 — 동 피하다
- **backward** [bǽkwərd] 백워r드 — 부 뒤로
- **be full of** — ～으로 가득 차다
  - **full** [ful] 푸을 — 형 가득 찬
- **between** [bitwíːn] 비튀ː인 — 전 ～ 사이에
- **forward** [fɔ́ːrwərd] 포ːr 워r드 — 부 앞으로
- **pretend** [priténd] 프뤼텐드 — 동 ～인 체하다
- **push** [puʃ] 푸쉬 — 동 밀다
- **roll** [roul] 로울 — 동 굴리다
- **step on** — ～을 밟다
  - **step** [step] 스떼ㅍ — 동 밟다
- **surprise** [sərpráiz] 써r프롸이ㅈ — 동 놀라게 하다　명 놀라움
- **the other side** — 반대쪽
  - **other** [ʌ́ðər] 어더r — 형 다른
  - **side** [said] 싸이드 — 명 쪽, 편
- **trick** [trik] 츄륔 — 명 속임수; 묘기

10 인도의 갠지스강 · 32쪽

☐ **bathe** [beið] 베이드	동	목욕하다
☐ **blessing** [blésiŋ] 블레씽	명	축복
☐ **candle** [kǽndl] 캔들	명	양초
☐ **clean** [kliːn] 클리ːㄴ	동	깨끗이 하다
☐ **event** [ivént] 이벤ㅌ	명	행사
☐ **heart** [hɑːrt] 하ːrㅌ	명	마음; 심장
☐ **pray** [prei] 프뤠이	동	기도하다
☐ **put** [put] 풋	동	놓다

11 AI 기술의 어두운 면 · 33쪽

☐ **bad side**		나쁜 면
☐ **fake** [feik] 페이ㅋ	형	가짜의
☐ **helpful** [hélpfəl] 헬프펄	형	도움이 되는
☐ **in the right way**		올바른 방법으로
☐ **lie** [lai] 라이	동	거짓말하다
☐ **technology** [teknάlədʒi] 텍날러쥐	명	기술
☐ **useful** [júːsfəl] 유ː스펄	형	쓸모 있는; 유용한
☐ **voice** [vɔis] 보이ㅅ	명	목소리

☐ **build** [bild] 빌ㄷ	동	짓다, 만들다
☐ **change** [tʃeindʒ] 체인쥐	동	바뀌다; 바꾸다
☐ **fixed** [fikst] 픽쓰ㅌ	형	고정된, 정해진
☐ **in addition**		게다가
addition [ədíʃən] 어디션	명	추가, 부가
☐ **in short**		요약하면
short [ʃɔːrt] 쇼ːrㅌ	명	짧음, 간결
☐ **in the past**		과거에
past [pæst] 패스ㅌ	명	과거
☐ **not ~ at all**		전혀 ~아닌
☐ **part** [pɑːrt] 파ːrㅌ	명	부분
☐ **rule** [ruːl] 루ː울	명	규칙
☐ **simple** [símpl] 씸플	형	단순한, 간단한
☐ **superhero** [sjúːpərhìərou] 쑤ː퍼r 히어로우	명	슈퍼히어로, 영웅
☐ **visit** [vízit] 비지ㅌ	동	방문하다

07 파자마 파티 26쪽

- ☐ **activity** [æktívəti] 액티버티 — 명 활동
- ☐ **fall asleep** — 잠이 들다
-   **asleep** [əslíːp] 어슬리:ㅍ — 형 잠이 든
- ☐ **fight** [fait] 퐈이트 — 동 싸우다
- ☐ **lie** [lai] 라이 — 동 눕다
- ☐ **pillow** [pílou] 필로우 — 명 베개
- ☐ **sleep over** — (남의 집에서) 자고 가다
- ☐ **spend** [spend] 스뻰드 — 동 (시간을) 보내다; (돈을) 쓰다
- ☐ **way** [wei] 웨이 — 명 방법

08 운동할 때는 이 과일을 챙기세요 27쪽

- ☐ **digest** [dáidʒest] 다이줴스트 — 동 (음식을) 소화하다
- ☐ **energy** [énərdʒi] 에너r쥐 — 명 에너지, 힘
- ☐ **match** [mætʃ] 매취 — 명 경기, 시합
- ☐ **mineral** [mínərəl] 미너뤌 — 명 (영양소) 미네랄
- ☐ **muscle** [mʌsl] 머쓸 — 명 근육
- ☐ **natural** [nǽtʃərəl] 내춰럴 — 형 자연의, 천연의
- ☐ **plenty of** — 많은
-   **plenty** [plénti] 플렌티 — 명 많음. 풍부
- ☐ **quick** [kwik] 퀵 — 형 빠른

- [ ] **broken** [bróukən] 브로우큰 — 형 깨진
- [ ] **colorful** [kʌ́lərfəl] 컬러r펄 — 형 형형색색의
- [ ] **dead** [ded] 데ㄷ — 형 죽은
- [ ] **decide** [disáid] 디싸이ㄷ — 동 결정하다
- [ ] **enter** [éntər] 엔터r — 동 들어가다
- [ ] **find** [faind] 파인ㄷ — 동 알아차리다
- [ ] **floor** [flɔ:r] 플러:r — 명 바닥
- [ ] **hit** [hit] 힡 — 동 부딪히다; 때리다
- [ ] **next to** — ~ 옆에
- [ ] **paint** [peint] 페인ㅌ — 동 그리다, 칠하다
- [ ] **sad** [sæd] 쌔ㄷ — 형 슬픈
- [ ] **several times** — 여러 번
  - **several** [sévərəl] 쎄버럴 — 형 몇몇의

13 엄마 침팬지의 사랑 38쪽

- [ ] **care** [kɛər] 케어*r* — 명 관심; 돌봄
- [ ] **carry** [kǽri] 캐뤼 — 동 데리고 있다, 들고 가다
- [ ] **chimpanzee** [tʃìmpænzí:] 침팬쥐: — 명 침팬지
- [ ] **die** [dai] 다이 — 동 죽다
- [ ] **feeling** [fí:liŋ] 피:일링 — 명 감정
- [ ] **kiss** [kis] 키ㅆ — 동 입을 맞추다
- [ ] **touch** [tʌtʃ] 터취 — 동 만지다
- [ ] **understand** [ʌ̀ndərstǽnd] 언더*r*스땐ㄷ — 동 이해하다

14 꽃과 인간의 공통점 39쪽

- [ ] **color** [kʌ́lər] 컬러*r* — 명 색깔
- [ ] **difference** [dífərəns] 디퍼런ㅆ — 명 차이
- [ ] **equally** [í:kwəli] 이:꿜리 — 부 동등하게, 똑같이
- [ ] **lovely** [lʌ́vli] 러블리 — 형 사랑스러운
- [ ] **more** [mɔːr] 모:*r* — 부 더 많이
- [ ] **right** [rait] 롸이ㅌ — 형 옳은
- [ ] **same** [seim] 쎄임 — 형 똑같은
- [ ] **than** [ðæn] 댄 — 전 ~보다

☐ **air** [ɛər] 에어r	명 공기
☐ **appear** [əpíər] 어피어r	동 나타나다
☐ **bacteria** [bæktíːəriə] 백티어뤼어	명 박테리아
☐ **comfortable** [kʌ́mfərtəbl] 컴퍼r터블	형 편한, 쾌적한
☐ **Earth** [ɜːrθ] 어ːr쓰	명 지구
☐ **empty** [émpti] 엠프티	형 텅 빈
☐ **human** [hjúːmən] 휴ː먼	명 인간
☐ **life** [laif] 라이ㅍ	명 생명체; 생명
☐ **oxygen** [ɑ́ksidʒən] 앜쒸전	명 산소
☐ **planet** [plǽnit] 플래니ㅌ	명 행성
☐ **show up**	나타나다
☐ **tiny** [táini] 타이니	형 아주 작은

16 축구 선수 등번호의 숨겨진 의미 44쪽

- **goalkeeper** [góulkìːpər] 고울키ː퍼r ⋯ 명 골키퍼
- **number** [nʌ́mbər] 넘버r ⋯ 명 번호
- **position** [pəzíʃən] 퍼지션 ⋯ 명 (선수의) 위치
- **special** [spéʃəl] 스페셜 ⋯ 형 특별한
- **sport** [spɔːrt] 스포ːrㅌ ⋯ 명 스포츠, 운동
- **team** [tiːm] 티ː임 ⋯ 명 팀
- **uniform** [júːnəfɔ̀ːrm] 유ː너포ːr옴 ⋯ 명 유니폼
- **wear** [wɛər] 웨어r ⋯ 동 (번호를) 달다; (옷을) 입다

17 저기, 자리 좀 양보해 주세요! 45쪽

- **be crowded with** ⋯ ~으로 붐비다
- **crowded** [kráudid] 크롸우디ㄷ ⋯ 형 붐비는
- **blind** [blaind] 블라인ㄷ ⋯ 형 눈이 먼, 시각 장애의
- **get on** ⋯ ~을 타다
- **passenger** [pǽsəndʒər] 패쓴줘r ⋯ 명 승객
- **seat** [siːt] 씨ː트 ⋯ 명 좌석, 자리
- **smile** [smail] 스마일 ⋯ 동 미소 짓다
- **stand up** ⋯ 일어서다
- **subway** [sʌ́bwèi] 써브웨이 ⋯ 명 지하철

☐ **be good at**　～을 잘하다

☐ **bomb** [bɑm] 밤　명 폭탄

☐ **exercise** [éksərsàiz] 엑써r 싸이ㅈ　명 훈련; 운동

☐ **expect** [ikspékt] 일쓰펙ㅌ　동 기대하다

☐ **helper** [hélpər] 헬퍼r　명 도와주는 사람

☐ **keep** [ki:p] 키:ㅍ　동 (～한 상태로) 유지하다

☐ **sense of smell**　후각

　sense [sens] 센ㅆ　명 감각

　smell [smel] 스메을　명 후각; 냄새　동 냄새 맡다

☐ **stick out**　내밀다

　stick [stik] 스띡　동 (몸의 일부를) 내밀다; 찌르다

☐ **strong** [strɔ:ŋ] 스뜨뤄:엉　형 강한; 힘센

☐ **tongue** [tʌŋ] 텅　명 혀

☐ **train** [trein] 츄레인　동 훈련시키다

☐ **treat** [tri:t] 츄리:ㅌ　명 (음식 등의) 특별한 대접

19 한국에도 열대 과일이 자란다 50쪽

- ☐ **climate** [kláimit] 클라이밑 · 명 기후
- ☐ **come from** · ~에서 오다
- ☐ **country** [kʌ́ntri] 컨츄리 · 명 나라, 국가
- ☐ **get hotter** · 점점 더워지다
- ☐ **grow** [grou] 그로우 · 동 자라다; 재배하다
- ☐ **possible** [pásəbl] 파써블 · 형 가능한
- ☐ **reason** [rí:zən] 뤼:즌 · 명 이유
- ☐ **warm** [wɔ:rm] 워:r엄 · 형 따뜻한

20 내 기도가 할아버지에게 닿기를! 51쪽

- ☐ **hear** [hiər] 히어r · 동 듣다
- ☐ **loudly** [láudli] 라우들리 · 부 큰 소리로
- ☐ **next** [nekst] 넥쓰트 · 형 옆의; 다음의
- ☐ **pray** [prei] 프뤠이 · 동 기도하다
- ☐ **shout** [ʃaut] 샤우트 · 동 소리치다
- ☐ **sometimes** [sʌ́mtàimz] 썸타임ㅈ · 부 때때로
- ☐ **tooth** [tu:θ] 투:ㅆ · 명 이, 치아
- ☐ **worry about** · ~에 대해 걱정하다
- **worry** [wə:ri] 워:뤼 · 동 걱정하다

☐ **be back**   돌아오다

☐ **come along**   뒤따르다, 나타나다

　 along [əlɔ́:ŋ] 얼로:옹   🔵부 앞으로

☐ **cycle** [sáikl] 싸이클   🔵명 순환

☐ **food chain**   먹이 사슬

　 chain [tʃein] 췌인   🔵명 사슬

☐ **forever** [fə:révər] 퍼:얼에버*r*   🔵부 영원히

☐ **go on**   계속되다

☐ **ground** [graund] 그롸운ㄷ   🔵명 땅

☐ **poop** [pu:p] 푸:ㅍ   🔵명 똥　　🔵동 똥을 싸다

☐ **realize** [rí:əlàiz] 뤼:얼라이ㅈ   🔵동 깨닫다

☐ **suddenly** [sʌ́dnli] 써든리   🔵부 갑자기

☐ **swallow** [swálou] 스왈로우   🔵동 삼키다

☐ **toward** [tɔ:rd] 터:*r*ㄷ   🔵전 ～을 향하여

22   AI로 증명사진 만들기   56쪽

- ☐ **background** [bǽkgràund] 백그롸운드   명 배경
- ☐ **download** [dáunlòud] 다운로우드   동 다운로드하다
- ☐ **erase** [iréiz] 이뤠이즈   동 지우다
- ☐ **ID photo**   증명사진
-    **photo** [fóutou] 포우토우   명 사진
- ☐ **look at**   ~을 보다
- ☐ **part** [pɑːrt] 파ːr트   명 부분
- ☐ **popular** [pápjələr] 파퓰러r   형 인기 있는
- ☐ **ready** [rédi] 뤠디   형 준비가 된

23   파란색의 다양한 의미   57쪽

- ☐ **athlete** [ǽθliːt] 애쓸리ːㅌ   명 운동선수
- ☐ **believe** [bilíːv] 빌리ːㅂ   동 믿다
- ☐ **bring** [briŋ] 브륑   동 가져오다
- ☐ **death** [deθ] 데쓰   명 죽음
- ☐ **funeral** [fjúːnərəl] 퓨ː너뤌   명 장례식
- ☐ **luck** [lʌk] 럭   명 운, 행운
- ☐ **mean** [miːn] 미ː인   동 의미하다
- ☐ **win** [win] 윈   동 우승하다

24 새 친구를 사귀려면 눈을 맞추세요

☐ **approach** [əpróutʃ] 어프**로**우취 — 동 다가가다

☐ **around** [əráund] 어**롸**운ㄷ — 전 ∼의 주위에

☐ **be interested in** — ∼에 관심이 있다

interested [íntərəstid] 인터뤄스티ㄷ — 형 관심이 있는

☐ **chance** [tʃæns] **챈**ㅆ — 명 기회

☐ **easily** [íːzəli] **이**:즐리 — 부 쉽게

☐ **eye contact** — 눈맞춤

contact [kɑ́ntækt] **칸**택ㅌ — 명 접촉

☐ **friendly** [fréndli] 프**뤤**들리 — 형 다정한

☐ **look back** — (응답하여) 바라보다

☐ **make a friend** — 친구를 사귀다

☐ **often** [ɔ́ːfən] **오**:픈 — 부 자주

☐ **uncomfortable** [ʌnkʌ́mfərtəbəl] 언**컴**퍼r터블 — 형 불편한

☐ **use** [juːz] **유**:ㅈ — 동 이용하다

25 누가 아메리카 대륙을 발견했다고? 62쪽

- [ ] **burst into laughter** — 웃음을 터뜨리다
  - **burst** [bəːrst] 버ː*r*스트 — 동 터뜨리다
  - **laughter** [lǽftər] 래프터*r* — 명 웃음
- [ ] **certain** [sə́ːrtn] 써ː*r*튼 — 형 특정한
- [ ] **discover** [diskʌ́vər] 디쓰꺼버*r* — 동 발견하다
- [ ] **gather** [gǽðər] 개더*r* — 동 모이다
- [ ] **map** [mæp] 맵 — 명 지도
- [ ] **point** [pɔint] 포인트 — 동 가리키다
- [ ] **spot** [spɑt] 스빳 — 명 장소, 지점
- [ ] **whole** [houl] 호울 — 형 전체의

26 세계적인 회사 이름은 어떻게 지어졌을까? 63쪽

- [ ] **birth** [bəːrθ] 버ː*r*ㅆ — 명 탄생, 출생
- [ ] **come up with** — ～을 생각해 내다
- [ ] **company** [kʌ́mpəni] 컴퍼니 — 명 회사
- [ ] **deadline** [dédlàin] 데드라인 — 명 마감 시간
- [ ] **in the beginning** — 처음에
  - **beginning** [bigíniŋ] 비기닝 — 명 처음, 시작
- [ ] **name** [neim] 네임 — 명 이름 동 이름을 지어 주다
- [ ] **no one** — 아무도 ～않다
- [ ] **o'clock** [əklák] 어클락 — 부 (정각) ～시

☐ **accident** [ǽksidənt] 액씨던ᴛ	명	사고
☐ **avoid** [əvɔ́id] 어보이ᴄ	동	피하다
☐ **communicate with**		～와 정보를 교환하다
communicate [kəmjú:nəkèit] 커뮤너:케이티드	동	(정보를) 전달하다
☐ **convenient** [kənví:njənt] 컨비:년ᴛ	형	편리한
☐ **dangerous** [déindʒərəs] 데인줘러ㅅ	형	위험한
☐ **driver** [dráivər] 쥬롸이버r	명	운전자
☐ **in the future**		미래에
future [fjú:tʃər] 퓨:처r	명	미래
☐ **passenger** [pǽsəndʒər] 패쓴줘r	명	승객
☐ **relax** [rilǽks] 륄랙ㅆ	동	편히 쉬다
☐ **safe** [seif] 쎄이ㅍ	형	안전한
☐ **sensor** [sénsər] 쎈써r	명	센서, 감지기
☐ **traffic light**		신호등
traffic [trǽfik] 츄래픽	명	교통
light [lait] 라이ᴛ	명	전등, 조명

28 외로운 개에게 생긴 뜻밖의 가족   68쪽

☐ **care for**		~을 돌보다
☐ **duckling** [dʌ́kliŋ] 더클링	명	새끼 오리
☐ **everywhere** [évrihwɛ̀ər] 에브뤼웨어r	부	모든 곳에, 어디나
☐ **follow** [fálou] 팔로우	동	따라가다
☐ **lonely** [lóunli] 로운리	형	외로운
☐ **notice** [nóutis] 노우티ㅆ	동	알아차리다
☐ **pond** [pɑnd] 판ㄷ	명	연못
☐ **without** [wiðáut] 위다웉	전	~ 없이

29 플랫폼이 무엇인가요?   69쪽

☐ **appear** [əpíər] 어피어r	동	등장하다
☐ **important** [impɔ́ːrtənt] 임포ːr턴ㅌ	형	중요한
☐ **mean** [miːn] 미ː인	동	의미하다
☐ **place** [pleis] 플레이ㅆ	명	장소
☐ **search** [səːrtʃ] 써ːr취	동	검색하다
☐ **share** [ʃɛər] 쉐어r	동	공유하다
☐ **wait** [weit] 웨이ㅌ	동	기다리다
☐ **website** [wébsàit] 웹사이ㅌ	명	웹사이트

☐ **answer** [ǽnsər] 앤써r	동	(전화를) 받다; 대답하다
☐ **be curious about**		∼에 대해 궁금해하다
curious [kjúəriəs] 큐어리어ㅆ	형	궁금한
☐ **broken** [bróukən] 브로우컨	형	부러진
☐ **call** [kɔːl] 콜ː	동	전화하다
☐ **chirp** [tʃəːrp] 춰ːrㅍ	동	짹짹거리다
☐ **parrot** [pǽrət] 패럳	명	앵무새
☐ **phone number**		전화번호
phone [foun] 포운	명	전화
☐ **pick up**		(차로) 데리러 가다
☐ **same** [seim] 쎄임	형	똑같은
☐ **take** [teik] 테이ㅋ	동	데리고 가다
☐ **teach** [tiːtʃ] 티ː취	동	가르치다
☐ **wing** [wiŋ] 윙	명	날개

31 병아리와 트럭 이야기 74쪽

- [ ] **back** [bæk] 백 — 몡 뒤, 뒤쪽
- [ ] **chick** [tʃik] 췩 — 몡 병아리
- [ ] **climb** [klaim] 클라임 — 동 기어오르다
- [ ] **hatch** [hætʃ] 해취 — 동 (알이) 부화하다
- [ ] **out of** — ~ 밖으로
- [ ] **road** [roud] 로우드 — 몡 도로, 길
- [ ] **take place** — 발생하다, 일어나다
- [ ] **weather** [wéðər] 웨더r — 몡 날씨

32 인류의 새로운 보물섬, 달 75쪽

- [ ] **advantage** [ədvǽntidʒ] 어드밴티쥐 — 몡 이점, 유리한 점
- [ ] **be interested in** — ~에 관심이 있다
- [ ] **explore** [iksplɔ́ːr] 익쓰플로ːr — 동 탐험하다
- [ ] **metal** [métl] 메틀 — 몡 금속
- [ ] **moon** [muːn] 무ːㄴ — 몡 달
- [ ] **own** [oun] 오운 — 동 소유하다
- [ ] **precious** [préʃəs] 프뤠셔ㅆ — 혱 귀중한
- [ ] **treasure** [tréʒər] 츄뤠줘r — 몡 보물

- **act** [ækt] 액트 — 통 행동하다
- **bark** [bɑːrk] 바ːr크 — 통 (개가) 짖다
- **earthquake** [ə́ːrθkwèik] 어ːr쓰퀘이크 — 명 지진
- **fall over** — 넘어지다, 쓰러지다
- **figure out** — 알아내다
  - **figure** [fígjər] 피겨r — 통 생각하다
- **ground** [graund] 그롸운드 — 명 땅
- **hill** [hil] 히을 — 명 언덕
- **human** [hjúːmən] 휴ː먼 — 명 인간
- **open up** — (틈이) 벌어지다
- **shake** [ʃeik] 쉐이크 — 통 흔들리다
- **strangely** [stréindʒli] 스뜨뤠인쥘리 — 부 이상하게
- **unusually** [ʌnjúːʒuəli] 언유ː쥘리 — 부 평소와 달리, 특이하게

34 잠을 깨워 주는 마법의 침대 80쪽

- ☐ **get up** — (잠자리에서) 일어나다
- ☐ **inventor** [invéntər] 인벤터r — 명 발명가
- ☐ **make the bed** — 잠자리를 정리하다
- ☐ **rush** [rʌʃ] 뤄쉬 — 동 서두르다, 급히 가다
- ☐ **shake** [ʃeik] 쉐이ㅋ — 동 흔들리다
- ☐ **solve** [sɑlv] 쌀ㅂ — 동 해결하다; 풀다
- ☐ **thankfully** [θǽŋkfəli] 쌩ㅋ펄리 — 부 다행히도
- ☐ **wake up** — (잠에서) 깨다

35 Van Gogh와 Theo: 어려움을 이긴 형제애 81쪽

- ☐ **alive** [əláiv] 얼라이ㅂ — 형 살아 있는
- ☐ **beside** [bisáid] 비싸이ㄷ — 전 ~옆에
- ☐ **earn** [əːrn] 어r언 — 동 (돈을) 벌다
- ☐ **entire** [intáiər] 인타이어r — 형 전체의, 온
- ☐ **famous** [féiməs] 페이머ㅆ — 형 유명한
- ☐ **grave** [greiv] 그뤠이ㅂ — 명 무덤
- ☐ **make a living** — 생계를 꾸리다
- ☐ **painter** [péintər] 페인터r — 명 화가
- ☐ **poor** [puər] 푸어r — 형 가난한; 불쌍한
- ☐ **support** [səpɔ́ːrt] 써포ːr트 — 동 부양하다

MEMO

PARIS-LONDON
COMET4
FLIGHT
PARIS-LONDON

36 동영상으로 볼까, 책으로 읽을까? 82쪽

☐ **at the same time** 동시에

☐ **differently** [dífərəntli] 디퍼런틀리 (부) 다르게

☐ **each** [i:tʃ] 이:취 (형) 각각의

☐ **experience** [ikspíəriəns] 일쓰피어리언ㅅ (명) 경험

☐ **however** [hauévər] 하우에버r (부) 하지만

☐ **image** [ímidʒ] 이미쥐 (명) 이미지; 그림

☐ **imagination** [imædʒənéiʃən] 이매줘네이션 (명) 상상력

☐ **mind** [maind] 마인ㄷ (명) 마음

☐ **remember** [rimémbər] 뤼멤버r (동) 기억하다

☐ **understand** [ʌndərstǽnd] 언더r스땐ㄷ (동) 이해하다

☐ **unique** [ju:ní:k] 유:니:ㅋ (형) 독특한; 유일한

☐ **work** [wə:rk] 워:r ㅋ (동) 작동하다

MEMO

450~600

Reader's Bank Level 1/2의 모든 지문에는 Lexile 지수를 표시하였습니다. 대부분의 지문들이 450~600 Lexile 지수 범위안에 들도록 지문들 간의 난이도 편차를 최소로 줄였습니다. 그래서 단계가 넘어갈 때도 큰 어려움 없이 학습을 이어갈 수 있습니다.

65~100

단어로 구성된 지문

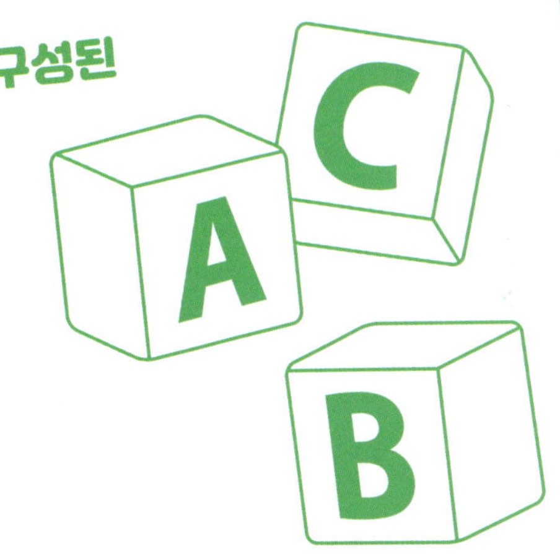

Reader's Bank Level 1/2로 평균 65단어로 구성된 단문 독해와 평균 100단어로 구성된 장문 독해를 모두 학습할 수 있습니다. 단문 독해를 통해 짧은 글을 빠르게 읽고 이해하는 능력을 키울 수 있고, 장문 독해를 통해 글 전체의 구조와 문맥을 이해하는 능력을 기를 수 있습니다.

48

개
내신 필수 문법

학교 시험에서 문법 문항은 상당히 많은 비중을 차지하고 있습니다. 그러나 문법의 이론과 문제만을 모아서 학습하는 것은 매우 힘들고 지루할 수 있습니다. Reader's Bank Level 1/2에서는 학생들이 꼭 알아야 할 내신 필수 문법만을 골라 지문에 적용하여 재미있게 공부할 수 있도록 구성하였습니다.

How to Study

Preview

1. Unit별 주요 문법과 예문 확인
2. 지문별 핵심 어휘 확인 및 학습
3. QR코드로 지문별 핵심 어휘 듣기

Reading

1. 렉사일 지수로 난이도를 측정하여 지문간의 편차를 최소화
2. 내신 및 수능 유형을 연습할 수 있는 다양한 객관식, 서술형 문제
3. 핵심 어휘 뜻과 주요 문법 해설
4. 지문별 주제, 단어수와 난이도 확인, QR코드로 지문 듣기

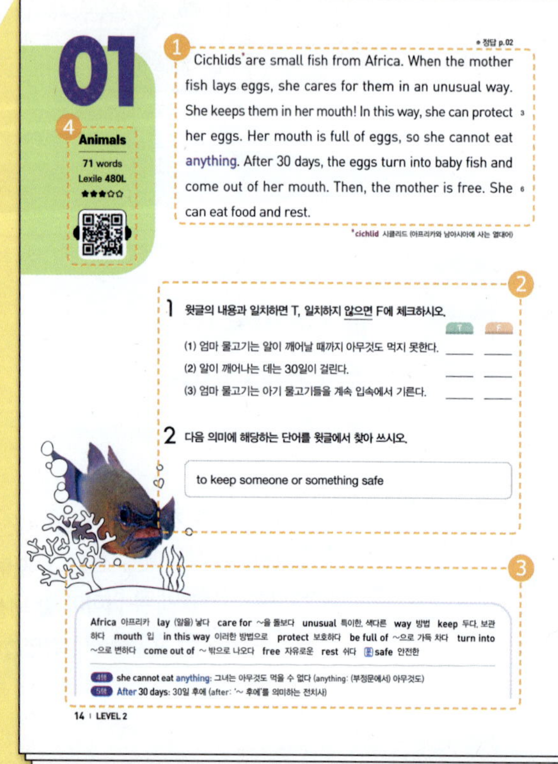

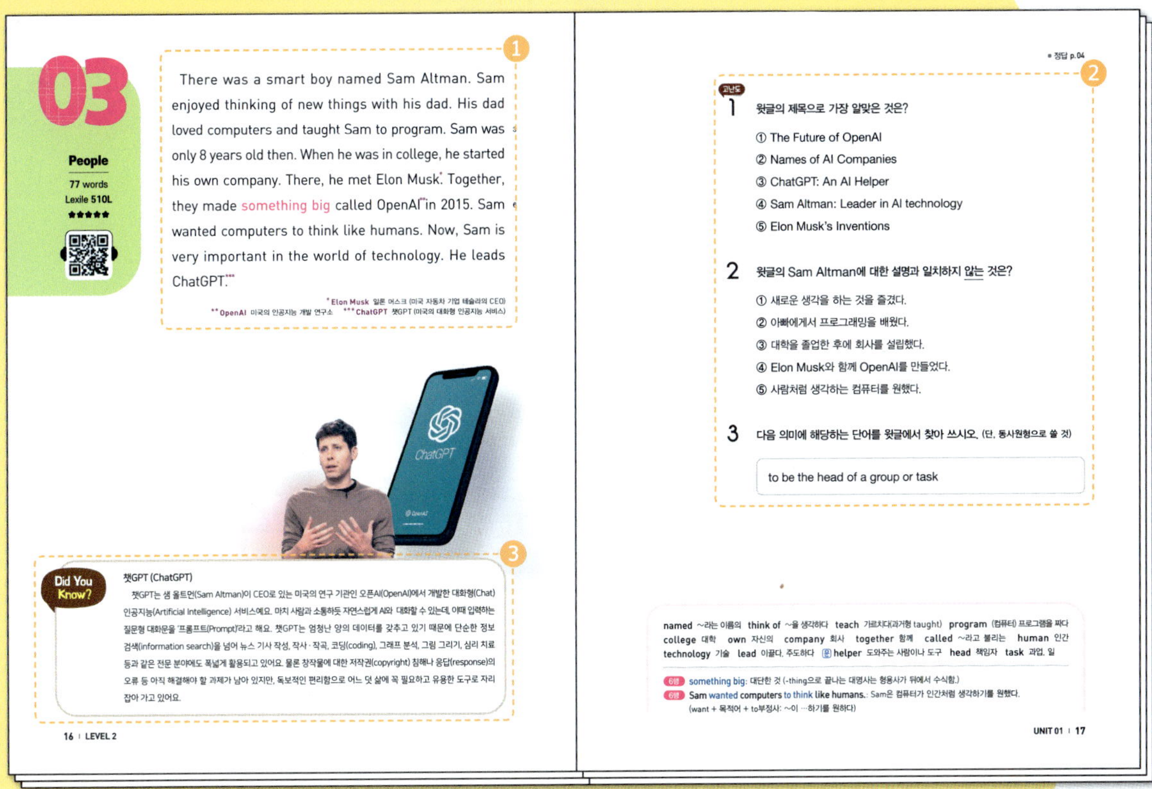

Reading

① 다양한 분야의 흥미로운 주제로 구성된 장문 독해 지문

② 내용, 어휘 등을 효과적으로 학습할 수 있는 다양한 문제 유형

③ 독해를 하는 데 도움이 되는 흥미로운 배경지식 코너

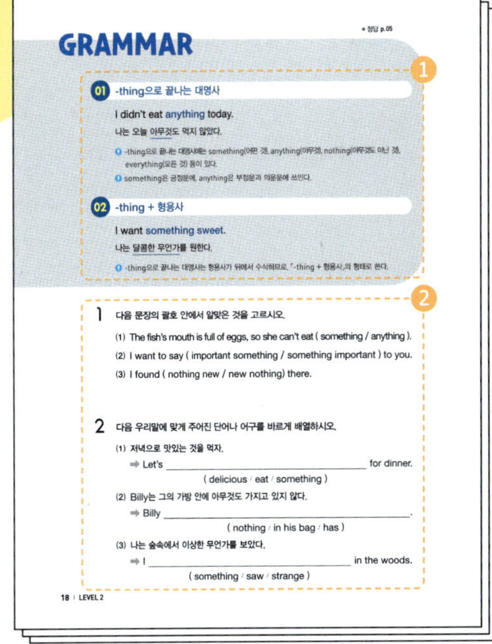

Grammar

① Unit별 주요 문법 및 예문 학습

② 주요 문법 확인 문제

How to Study

정답 및 해설 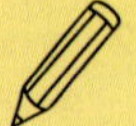

❶ 문제 정답 및 상세한 문제 해설

❷ 지문 직독 직해

❸ 내신 관련 주요 문법 및 구문 설명

❹ 본문 해석

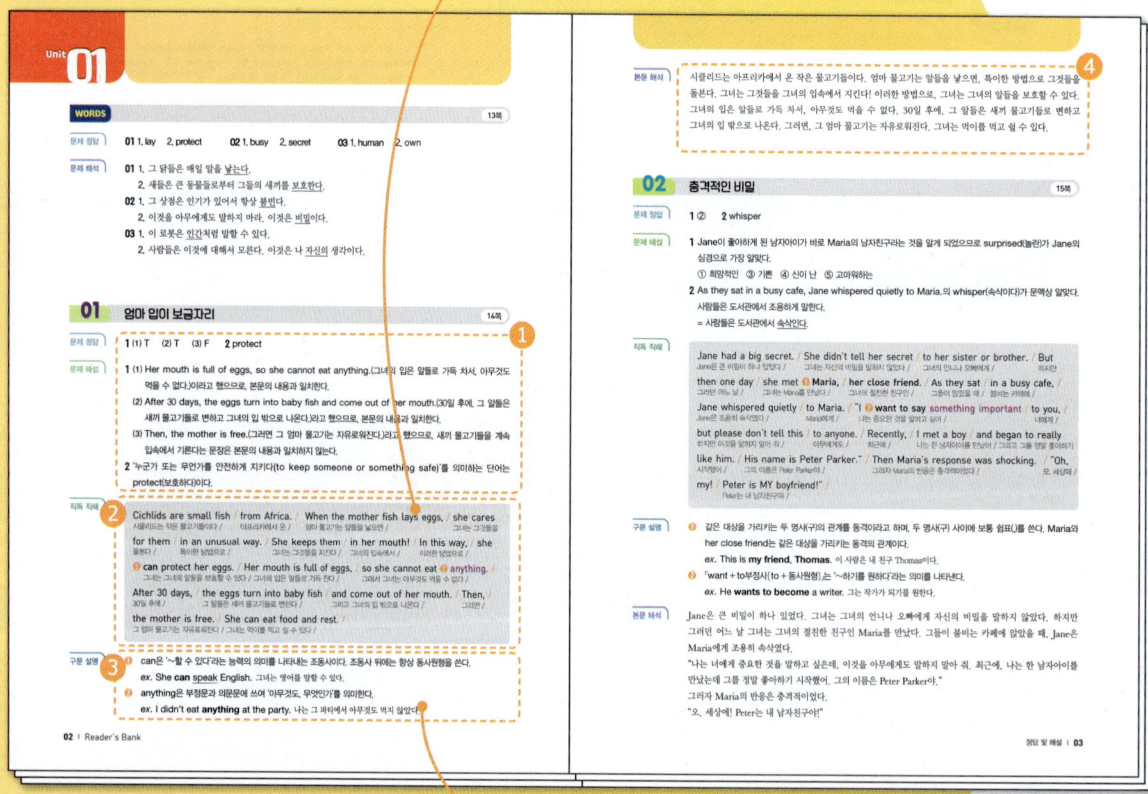

❹ 본문 해석

Unit 01

WORDS (13쪽)

문제 정답
01 1. lay 2. protect　02 1. busy 2. secret　03 1. human 2. own

문제 해석
01 1. 그 닭들은 매일 알을 낳는다.
　2. 새들은 큰 동물들로부터 그들의 새끼를 보호한다.
02 1. 그 상점은 인기가 있어서 항상 붐빈다.
　2. 이것을 아무에게도 말하지 마라. 이것은 비밀이다.
03 1. 이 로봇은 인간처럼 말할 수 있다.
　2. 사람들은 이것에 대해서 모른다. 이것은 나 자신의 생각이다.

01 엄마 입이 보금자리 (14쪽)

문제 정답
1 (1) T　(2) T　(3) F　2 protect

문제 해설
1 (1) Her mouth is full of eggs, so she cannot eat anything.(그녀의 입은 알들로 가득 차서, 아무것도 먹을 수 없다.)이라고 했으므로, 본문의 내용과 일치한다.
(2) After 30 days, the eggs turn into baby fish and come out of her mouth.(30일 후에, 그 알들은 새끼 물고기들로 변하고 그녀의 입 밖으로 나온다.)라고 했으므로, 본문의 내용과 일치한다.
(3) Then, the mother is free.(그러면 그 엄마 물고기는 자유로워진다.)라고 했으므로, 새끼 물고기들을 계속 입속에서 기른다는 문장은 본문의 내용과 일치하지 않는다.
2 '누군가 또는 무언가를 안전하게 지키다(to keep someone or something safe)'를 의미하는 단어는 protect(보호하다)이다.

직독 직해
Cichlids are small fish / from Africa. / When the mother fish lays eggs, / she cares
시클리드는 작은 물고기들이다 / 아프리카에서 온 / 엄마 물고기는 알들을 낳으면 / 그녀는 그것들을
for them / in an unusual way. / She keeps them / in her mouth! / In this way, / she
돌본다 / 특이한 방법으로 / 그녀는 그것들을 지킨다 / 그녀의 입속에서 / 이러한 방법으로 / 그녀는
❶ can protect her eggs. / Her mouth is full of eggs, / so she cannot eat ❷ anything.
그녀는 그녀의 알들을 보호할 수 있다 / 그녀의 입은 알들로 가득 찬다 / 그래서 그녀는 아무것도 먹을 수 없다 /
After 30 days, / the eggs turn into baby fish / and come out of her mouth. / Then,
30일 후에 / 그 알들은 새끼 물고기들로 변한다 / 그리고 그녀의 입 밖으로 나온다 / 그러면 /
the mother is free. / She can eat food and rest. /
그 엄마 물고기는 자유로워진다 / 그녀는 먹이를 먹고 쉴 수 있다 /

구문 설명
❶ can은 '~할 수 있다'라는 능력의 의미를 나타내는 조동사이다. 조동사 뒤에는 항상 동사원형을 쓴다.
　ex. She can speak English. 그녀는 영어를 말할 수 있다.
❷ anything은 부정문과 의문문에 쓰여 '아무것도, 무엇인가'를 의미한다.
　ex. I didn't eat anything at the party. 나는 그 파티에서 아무것도 먹지 않았다.

02 | Reader's Bank

본문 해석
시클리드는 아프리카에서 온 작은 물고기들이다. 엄마 물고기는 알들을 낳으면, 특이한 방법으로 그것들을 돌본다. 그녀는 그것들을 그녀의 입속에서 지킨다! 이러한 방법으로, 그녀는 그녀의 알들을 보호할 수 있다. 그녀의 입은 알들로 가득 차서, 아무것도 먹을 수 없다. 30일 후에, 그 알들은 새끼 물고기들로 변하고 그녀의 입 밖으로 나온다. 그러면, 그 엄마 물고기는 자유로워진다. 그녀는 먹이를 먹고 쉴 수 있다.

02 충격적인 비밀 (15쪽)

문제 정답
1 ②　2 whisper

문제 해설
1 Jane이 좋아하게 된 남자아이가 바로 Maria의 남자친구라는 것을 알게 되었으므로 surprised(놀란)가 Jane의 심경으로 가장 알맞다.
　① 희망적인　③ 기쁜　④ 신이 난　⑤ 고마워하는
2 As they sat in a busy cafe, Jane whispered quietly to Maria.의 whisper(속삭이다)가 문맥상 알맞다.
사람들은 도서관에서 조용하게 말한다.
= 사람들은 도서관에서 속삭인다.

직독 직해
Jane had a big secret. / She didn't tell her secret / to her sister or brother. / But
Jane은 큰 비밀이 하나 있었다 / 그녀는 자신의 비밀을 말하지 않았다 / 그녀의 언니나 오빠에게 / 하지만
then one day / she met ❶ Maria, / her close friend. / As they sat / in a busy cafe,
그러던 어느 날 / 그녀는 Maria를 만났다 / 그녀의 절친한 친구인 / 그들이 앉있을 때 / 붐비는 카페에 /
Jane whispered quietly / to Maria. / "I ❷ want to say something important / to you,
Jane은 조용히 속삭였다 / Maria에게 / 나는 중요한 것을 말하고 싶어 / 너에게 /
but please don't tell this / to anyone. / Recently, / I met a boy / and began to really
하지만 이것을 말하지 말아 줘 / 아무에게도 / 최근에 / 나는 한 남자아이를 만났어 / 그리고 그를 정말 좋아하기
like him. / His name is Peter Parker." / Then Maria's response was shocking. / "Oh,
시작했어 / 그의 이름은 Peter Parker야 / 그러자 Maria의 반응은 충격적이었다 / 오, 세상에 /
my! / Peter is MY boyfriend!" /
Peter는 내 남자친구야 /

구문 설명
❶ 같은 대상을 가리키는 두 명사(구)의 관계를 동격이라고 하며, 두 명사(구) 사이에 보통 쉼표(,)를 쓴다. Maria와 her close friend는 같은 대상을 가리키는 동격의 관계이다.
　ex. This is my friend, Thomas. 이 사람은 내 친구 Thomas이다.
❷ 「want + to부정사(to + 동사원형)」는 '~하기를 원하다'라는 의미를 나타낸다.
　ex. He wants to become a writer. 그는 작가가 되기를 원한다.

본문 해석
Jane은 큰 비밀이 하나 있었다. 그녀는 그녀의 언니나 오빠에게 자신의 비밀을 말하지 않았다. 하지만 그러던 어느 날 그녀는 그녀의 절친한 친구인 Maria를 만났다. 그들이 붐비는 카페에 앉았을 때, Jane은 Maria에게 조용히 속삭였다.
"나는 너에게 중요한 것을 말하고 싶은데, 이것을 아무에게도 말하지 말아 줘. 최근에, 나는 한 남자아이를 만났는데 그를 정말 좋아하기 시작했어. 그의 이름은 Peter Parker야."
그러자 Maria의 반응은 충격적이었다.
"오, 세상에! Peter는 내 남자친구야!"

정답 및 해설 | 03

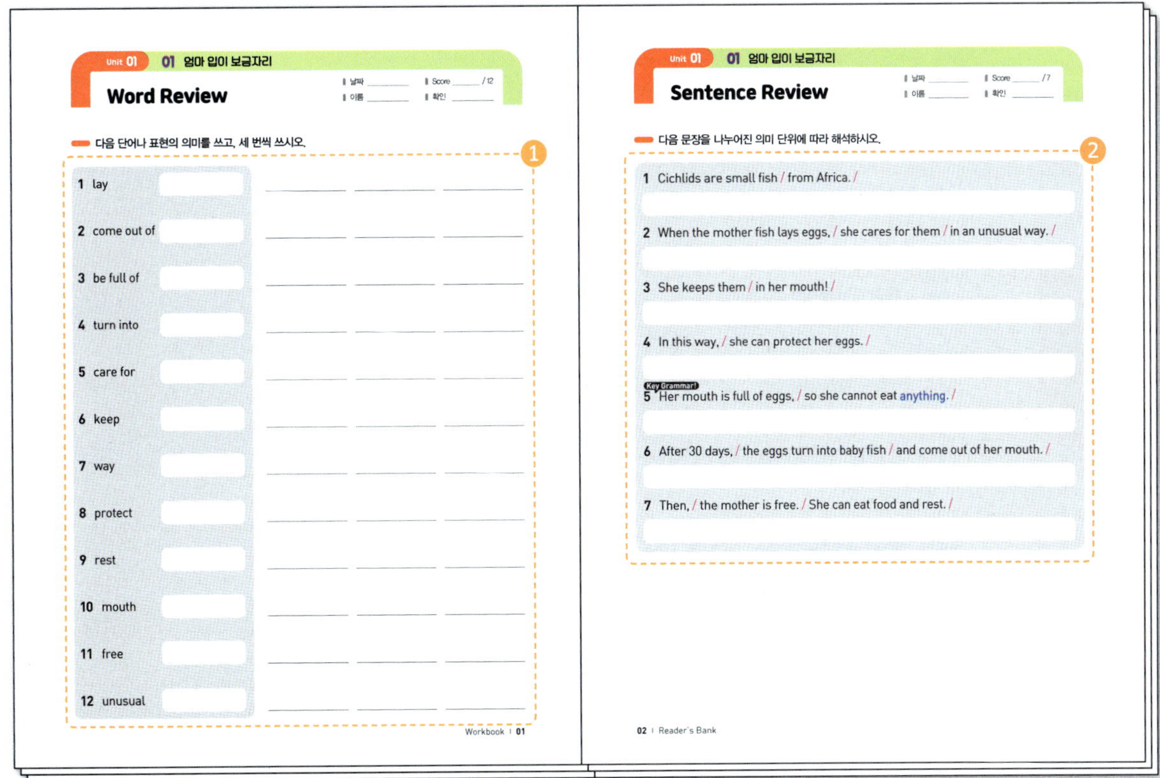

Workbook

① 주요 어휘 연습 (뜻 쓰기, 단어 쓰기)
② 지문 분석과 해석 연습
   *주요 문법 복습

단어장

지문별 핵심 어휘 학습 (발음 기호, 품사, 뜻)
*한글식 발음 표기

Contents

Contents

Grammar in Level 1·2

	Level 1	Level 2
Unit 01	• 일반동사의 현재시제 의문문 • 일반동사의 과거시제 의문문	• -thing으로 끝나는 대명사 • -thing + 형용사
Unit 02	• 미래 조동사 will • will의 부정문	• 부사처럼 쓰이는 to부정사 (목적) • 부사처럼 쓰이는 to부정사 (감정의 원인)
Unit 03	• 감각동사의 종류 • 감각동사 + 형용사	• 명사를 수식하는 to부정사 • 명사를 수식하는 to부정사의 위치
Unit 04	• 날씨를 나타내는 it • There is/are ~	• 이유를 나타내는 접속사 because • 조건을 나타내는 접속사 if
Unit 05	• 명령문 • 부정 명령문	• 형용사의 원급 • 형용사의 비교급
Unit 06	• 의무의 조동사 must, should • 추측의 조동사 may	• 수여동사 • 수여동사 문장의 전환
Unit 07	• 현재진행형 • 과거진행형	• make + 목적어 + 형용사 • keep + 목적어 + 형용사
Unit 08	• 명사절 접속사 that • 명사절 접속사 that의 생략	• 사역동사 make • 동사 help
Unit 09	• 목적어로 쓰이는 to부정사 • 보어로 쓰이는 to부정사	• ask + 목적어 + to부정사 • want + 목적어 + to부정사
Unit 10	• 동명사의 형태와 의미 • 주어로 쓰이는 동명사	• 지각동사의 의미 • 지각동사 + 목적어 + 동사원형
Unit 11	• 목적어로 쓰이는 동명사 • 동명사를 목적어로 쓰는 동사	• 간접의문문 • 의문사가 주어인 간접의문문
Unit 12	• 시간을 나타내는 접속사 before • 시간을 나타내는 접속사 after	• 시간을 나타내는 접속사 until • 시간을 나타내는 접속사 while

Unit 01

단어 듣기 MP3

GRAMMAR

- -thing으로 끝나는 대명사 ▶ I didn't eat **anything** today.
- -thing + 형용사 ▶ I want **something sweet**.

WORDS

● 정답 p.02

Animals

01 엄마 입이 보금자리

☐ **free** 자유로운   ☐ **lay** (알을) 낳다   ☐ **unusual** 특이한, 색다른
☐ **protect** 보호하다   ☐ **keep** 두다, 보관하다   ☐ **be full of** ～으로 가득 차다

1. The chickens ____________ eggs every day.
2. Birds ____________ their babies from big animals.

Tales

02 충격적인 비밀

☐ **close** 가까운, 친밀한   ☐ **secret** 비밀   ☐ **busy** 붐비는; 바쁜
☐ **whisper** 속삭이다   ☐ **response** 대답; 반응   ☐ **recently** 최근에

1. The shop is popular, so it's always ____________.
2. Don't tell this to anyone. It's a ____________.

People

03 챗GPT를 만든 Sam Altman

☐ **company** 회사   ☐ **human** 인간   ☐ **named** ～라는 이름의
☐ **lead** 이끌다, 주도하다   ☐ **own** 자신의   ☐ **think of** ～을 생각하다
☐ **college** 대학   ☐ **technology** 기술   ☐ **called** ～라고 불리는

1. This robot can talk like a ____________.
2. People don't know about this. It's my ____________ idea.

01

Animals

71 words
Lexile **480L**
★★★☆☆

Cichlids* are small fish from Africa. When the mother fish lays eggs, she cares for them in an unusual way. She keeps them in her mouth! In this way, she can protect 3 her eggs. Her mouth is full of eggs, so she cannot eat **anything**. After 30 days, the eggs turn into baby fish and come out of her mouth. Then, the mother is free. She 6 can eat food and rest.

*cichlid 시클리드 (아프리카와 남아시아에 사는 열대어)

1 윗글의 내용과 일치하면 T, 일치하지 <u>않으면</u> F에 체크하시오.

	T	F
(1) 엄마 물고기는 알이 깨어날 때까지 아무것도 먹지 못한다.	____	____
(2) 알이 깨어나는 데는 **30일**이 걸린다.	____	____
(3) 엄마 물고기는 아기 물고기들을 계속 입속에서 기른다.	____	____

2 다음 의미에 해당하는 단어를 윗글에서 찾아 쓰시오.

> to keep someone or something safe

Africa 아프리카 **lay** (알을) 낳다 **care for** ~을 돌보다 **unusual** 특이한, 색다른 **way** 방법 **keep** 두다, 보관하다 **mouth** 입 **in this way** 이러한 방법으로 **protect** 보호하다 **be full of** ~으로 가득 차다 **turn into** ~으로 변하다 **come out of** ~ 밖으로 나오다 **free** 자유로운 **rest** 쉬다 문 **safe** 안전한

4행 **she cannot eat anything**: 그녀는 아무것도 먹을 수 없다 (anything: (부정문에서) 아무것도)
5행 **After 30 days**: 30일 후에 (after: '~ 후에'를 의미하는 전치사)

02

Tales

79 words
Lexile 370L
★★☆☆☆

Jane had a big secret. She didn't tell her secret to her sister or brother. But then one day she met Maria, her close friend. As they sat in a busy cafe, Jane whispered 3
quietly to Maria.

"I want to say **something important** to you, but please don't tell this to anyone. Recently, I met a boy and began 6
to really like him. His name is Peter Parker."

Then Maria's response was shocking.

"Oh, my! Peter is MY boyfriend!"

1 윗글에서 Maria의 말을 듣고 난 후 Jane의 심경으로 가장 알맞은 것은?

① hopeful   ② surprised   ③ pleased
④ excited   ⑤ thankful

2 다음 빈칸에 알맞은 말을 윗글에서 찾아 어법에 맞게 고쳐 쓰시오.

> People talk quietly in the library.
> = People ___________ in the library.

secret 비밀 close 가까운, 친밀한 busy 붐비는; 바쁜 cafe 카페 whisper 속삭이다 quietly 조용하게
important 중요한 recently 최근에 meet 만나다(과거형 met) begin 시작하다(과거형 began) response
대답; 반응 shocking 충격적인, 놀랄 만한 📖hopeful 희망적인 surprised 놀란 pleased 기쁜 excited
신이 난 thankful 고마워하는 library 도서관

3행 **As they sat in a busy cafe**: 그들이 붐비는 카페 안에 앉았을 때 (as + 주어 + 동사: ~할 때)
5행 **something important**: 중요한 것 (-thing으로 끝나는 대명사는 형용사가 뒤에서 수식함.)

People

77 words
Lexile **510L**

★★★★★

There was a smart boy named Sam Altman. Sam enjoyed thinking of new things with his dad. His dad loved computers and taught Sam to program. Sam was only 8 years old then. When he was in college, he started his own company. There, he met Elon Musk.* Together, they made **something big** called OpenAI** in 2015. Sam wanted computers to think like humans. Now, Sam is very important in the world of technology. He leads ChatGPT.***

* **Elon Musk** 일론 머스크 (미국 자동차 기업 테슬라의 CEO)
** **OpenAI** 미국의 인공지능 개발 연구소　*** **ChatGPT** 챗GPT (미국의 대화형 인공지능 서비스)

Did You Know?

챗GPT (ChatGPT)

챗GPT는 샘 올트먼(Sam Altman)이 CEO로 있는 미국의 연구 기관인 오픈AI(OpenAI)에서 개발한 대화형(Chat) 인공지능(Artificial Intelligence) 서비스예요. 마치 사람과 소통하듯 자연스럽게 AI와 대화할 수 있는데, 이때 입력하는 질문형 대화문을 '프롬프트(Prompt)'라고 해요. 챗GPT는 엄청난 양의 데이터를 갖추고 있기 때문에 단순한 정보 검색(information search)을 넘어 뉴스 기사 작성, 작사·작곡, 코딩(coding), 그래프 분석, 그림 그리기, 심리 치료 등과 같은 전문 분야에도 폭넓게 활용되고 있어요. 물론 창작물에 대한 저작권(copyright) 침해나 응답(response)의 오류 등 아직 해결해야 할 과제가 남아 있지만, 독보적인 편리함으로 어느 덧 삶에 꼭 필요하고 유용한 도구로 자리 잡아 가고 있어요.

고난도

1 윗글의 제목으로 가장 알맞은 것은?

① The Future of OpenAI

② Names of AI Companies

③ ChatGPT: An AI Helper

④ Sam Altman: Leader in AI technology

⑤ Elon Musk's Inventions

2 윗글의 Sam Altman에 대한 설명과 일치하지 <u>않는</u> 것은?

① 새로운 생각을 하는 것을 즐겼다.

② 아빠에게서 프로그래밍을 배웠다.

③ 대학을 졸업한 후에 회사를 설립했다.

④ Elon Musk와 함께 OpenAI를 만들었다.

⑤ 사람처럼 생각하는 컴퓨터를 원했다.

3 다음 의미에 해당하는 단어를 윗글에서 찾아 쓰시오. (단, 동사원형으로 쓸 것)

> to be the head of a group or task

---

named ~라는 이름의   **think of** ~을 생각하다   **teach** 가르치다(과거형 taught)   **program** (컴퓨터) 프로그램을 짜다
college 대학   **own** 자신의   **company** 회사   **together** 함께   **called** ~라고 불리는   **human** 인간
technology 기술   **lead** 이끌다, 주도하다   문 **helper** 도와주는 사람이나 도구   **head** 책임자   **task** 과업, 일

6행 **something big**: 대단한 것 (-thing으로 끝나는 대명사는 형용사가 뒤에서 수식함.)

6행 **Sam wanted computers to think like humans.**: Sam은 컴퓨터가 인간처럼 생각하기를 원했다.
(want + 목적어 + to부정사: ~이 …하기를 원하다)

● 정답 p.05

GRAMMAR

01 -thing으로 끝나는 대명사

I didn't eat **anything** today.

나는 오늘 아무것도 먹지 않았다.

❶ -thing으로 끝나는 대명사에는 something(어떤 것), anything(아무것), nothing(아무것도 아닌 것), everything(모든 것) 등이 있다.

❶ something은 긍정문에, anything은 부정문과 의문문에 쓰인다.

02 -thing + 형용사

I want **something sweet**.

나는 달콤한 무언가를 원한다.

❶ -thing으로 끝나는 대명사는 형용사가 뒤에서 수식하므로, 「-thing + 형용사」의 형태로 쓴다.

1 다음 문장의 괄호 안에서 알맞은 것을 고르시오.

(1) The fish's mouth is full of eggs, so she can't eat (something / anything).

(2) I want to say (important something / something important) to you.

(3) I found (nothing new / new nothing) there.

2 다음 우리말에 맞게 주어진 단어나 어구를 바르게 배열하시오.

(1) 저녁으로 맛있는 것을 먹자.

➡ Let's ______________________________ for dinner.

　　　　　　　(delicious / eat / something)

(2) Billy는 그의 가방 안에 아무것도 가지고 있지 않다.

➡ Billy ______________________________.

　　　　　　　(nothing / in his bag / has)

(3) 나는 숲속에서 이상한 무언가를 보았다.

➡ I ______________________________ in the woods.

　　　　　　　(something / saw / strange)

PREVIEW

단어 듣기 MP3

GRAMMAR

- 부사처럼 쓰이는 to부정사 (목적) ▶ We go to school **to study**.
- 부사처럼 쓰이는 to부정사 (감정의 원인) ▶ I'm happy **to meet** you.

WORDS

● 정답 p.06

Plants
04 변신의 왕은 바로 나!

- ☐ **change** 바꾸다
- ☐ **survive** 생존하다
- ☐ **hide** 숨다
- ☐ **imitate** 따라 하다, 모방하다
- ☐ **come from** ~에서 오다
- ☐ **shape** 모양

1. Animals need food to ___________.
2. Some parrots ___________ human voices.

- ☐ **mind** 마음
- ☐ **raise** (가격 등을) 올리다
- ☐ **idea** 생각, 아이디어
- ☐ **decide** 결정하다
- ☐ **allowance** 용돈
- ☐ **get** 받다

Tales
05 용돈을 올려 받은 비결

1. I ___________ to help him.
2. Do you have a good ___________?

Technology
06 상상 그 이상의 게임 세상

- ☐ **visit** 방문하다
- ☐ **part** 부분
- ☐ **build** 짓다, 만들다
- ☐ **fixed** 고정된, 정해진
- ☐ **different** 다른; 다양한
- ☐ **rule** 규칙
- ☐ **in short** 요약하면
- ☐ **simple** 단순한, 간단한
- ☐ **in addition** 게다가

1. My friend will ___________ my home today.
2. We must follow the ___________.

04

Plants

57 words
Lexile **390L**
★★★☆☆

There is a very interesting plant. This plant can imitate things around it. It changes its color **to look** like other plants. It also changes its leaf shape **to hide** from animals. The name of this amazing plant is *Boquila*.* It comes from Argentina and Chile. Its skills help it survive. Truly, it is <u>a plant chameleon</u>!

3

* ***Boquila*** 보키 (남아메리카 원산지의 덩굴 식물)

1 윗글에서 밑줄 친 부분과 같이 표현한 이유로 알맞은 것은?

① 카멜레온과 생김새가 닮았기 때문에

② 다양한 색깔을 가지고 있기 때문에

③ 동물처럼 몸을 움직일 수 있기 때문에

④ 주변 환경에 맞게 자신을 바꿀 수 있기 때문에

⑤ 카멜레온과 사는 곳의 환경이 같기 때문에

2 다음 빈칸에 알맞은 단어를 윗글에서 찾아 쓰시오.

> Monkeys act like other animals.
> = Monkeys ___________ other animals.

---

plant 식물　**imitate** 따라 하다, 모방하다　**around** ～의 주위에　**change** 바꾸다　**shape** 모양　**hide** 숨다
come from ～에서 오다　**Argentina** 아르헨티나　**Chile** 칠레　**skill** 기술　**survive** 생존하다　**truly** 정말, 확실히　**chameleon** 카멜레온　[문] **act like** ～처럼 행동하다

[2행] **to look** like other plants: 다른 식물들처럼 보이기 위해서 ('～하기 위해서'라는 뜻을 나타내는 to부정사)
[5행] Its skills **help** it **survive**.: 그것의 기술들은 그것이 생존하는 것을 돕는다. (help + 목적어 + 동사원형: ～이 …하는 것을 돕다)

05

Tales

75 words
Lexile **410L**
★★★☆☆

Laura got ten dollars a week from her parents. But she needed more money. She wanted to buy her favorite things. Laura asked her parents for a bigger allowance. (ⓐ) But they said no. (ⓐ) Laura came up with an idea **to change** their minds. (ⓑ) She washed their cars every morning. (ⓒ) She also did the dishes. (ⓓ) Her parents decided to raise her allowance. (ⓔ) Now she is glad **to get** fifteen dollars a week.

3

6

---

1 윗글에서 다음 문장이 들어갈 위치로 가장 알맞은 곳은?

> Amazingly, this plan worked!

① ⓐ   ② ⓑ   ③ ⓒ   ④ ⓓ   ⑤ ⓔ

2 다음 의미에 해당하는 단어를 윗글에서 찾아 쓰시오.

> It is money. Your parents give it to you
> every week or month.

---

get 받다(과거형 got) **dollar** (미국 화폐) 달러 **a week** 일주일마다 **parents** 부모 **favorite** 가장[매우] 좋아하는
allowance 용돈 **come up with** ～을 생각해 내다 **idea** 생각, 아이디어 **mind** 마음 **decide** 결정하다
raise (가격 등을) 올리다 **now** 이제 **glad** 기쁜 문**amazingly** 놀랍게도 **work** 효과가 있다

4행 **to change** their minds: 그들의 마음을 바꾸기 위해서 ('～하기 위해서'라는 뜻을 나타내는 to부정사)
7행 **Now she is glad to get** fifteen dollars a week.: 이제 그녀는 일주일마다 15달러를 받아서 기쁘다. ('～해서'라는 감정의 원인을 나타내는 to부정사)

06

Technology

87 words
Lexile **460L**
★★★★☆

Computer games are changing every day. In the past, computer games were simple. They had fixed rules or stories. You could not change them at all. Today, things are different. Players can change different parts of the games. ⓐ They can change the rules **to make** them more fun. ⓑ Some players don't like this. ⓒ In Roblox,* for example, you can become a superhero or anyone you like. ⓓ In addition, in Minecraft,** you can build big cities. ⓔ You can also visit new worlds. In short, games today let you be anyone and go anywhere.

* **Roblox** 로블록스 (게임 개발과 플레이가 가능한 온라인 사이트)
** **Minecraft** 마인크래프트 (사용자가 자유롭게 꾸밀 수 있는 가상 현실 게임)

Did You Know?

컴퓨터 게임의 변천사

여러분이 일상에서 자주하는 '게임'이 많이 바뀌어 왔다는 것을 알고 있나요? 먼저, 1970년대에는 동전을 넣으면 실행되는 오락실용 아케이드 게임(arcade game)이 등장하여 게임 산업이 크게 성장했어요. 그러다 1980년대 중반에 집에서도 오락을 할 수 있도록 하는 홈비디오 콘솔이 새로운 전성기를 누렸어요. 이후, 인터넷 기술이 발전하여 다수의 게이머들(gamers)들이 개인용 컴퓨터(personal computer)를 통해 사이버 공간에서 게임을 즐기는 온라인 게임(online game) 형태로 바뀌었지요. 스마트폰과 태블릿PC 등 모바일 기기(mobile device)가 보급된 이후로는 이동 중에 어디에서든지 다양한 게임을 즐길 수 있게 되었으며, 최근에는 가상현실(VR)과 증강현실(AR), 그리고 인공지능(AI) 기술의 발전으로 점점 더 현실감 있는 게임으로 발전하고 있답니다.

1 윗글을 다음과 같이 요약할 때, 빈칸에 알맞은 말이 바르게 짝지어진 것은?

> Today, game players can (A) ____________ the stories to make the games more (B) ____________.

	(A)		(B)		(A)		(B)
①	learn	–	fun	②	learn	–	difficult
③	change	–	fun	④	change	–	popular
⑤	change	–	difficult				

2 윗글의 ⓐ~ⓔ 중에서 흐름상 어색한 문장은?

① ⓐ   ② ⓑ   ③ ⓒ   ④ ⓓ   ⑤ ⓔ

3 다음 빈칸에 알맞은 단어를 윗글에서 찾아 어법에 맞게 고쳐 쓰시오.

> Don't be late for class. This is an important ____________ at our school.

change 바뀌다; 바꾸다   in the past 과거에   simple 단순한, 간단한   fixed 고정된, 정해진   rule 규칙
not ~ at all 전혀 ~아닌   different 다른; 다양한   player (게임) 플레이어   part 부분   for example 예를 들면
superhero 슈퍼히어로, 영웅   anyone 누구든지   in addition 게다가   build 짓다, 만들다   city 도시(복수형 cities)
visit 방문하다   in short 요약하면   anywhere 어디든지   문 be late for ~에 늦다   important 중요한

5행 **to make** them more fun: 그것들을 더 재미있게 만들기 위해서 ('~하기 위해서'라는 뜻을 나타내는 to부정사)

7행 **anyone** you like: 당신이 좋아하는 누구든지 (you like가 앞에 있는 anyone을 수식함.)

GRAMMAR

01 부사처럼 쓰이는 **to**부정사 (목적)

We go to school to study.

우리는 <u>공부하기 위해서</u> 학교에 간다.

❶ to부정사는 부사처럼 쓰여 '~하기 위해서'라는 목적의 뜻을 나타낼 수 있다.

02 부사처럼 쓰이는 **to**부정사 (감정의 원인)

I'm happy to meet you.

나는 너를 <u>만나서</u> 기쁘다.

❶ 감정을 나타내는 형용사(happy, glad, sad, surprised 등) 뒤에 쓰인 to부정사는 '~해서'라는 뜻으로 감정의 원인을 나타낼 수 있다.

1 다음 문장의 밑줄 친 부분을 우리말로 해석하시오.

(1) The plant changes its leaf shape <u>to hide from animals</u>.

____

(2) Laura is <u>glad to get fifteen dollars a week</u>.

____

2 다음 우리말에 맞게 주어진 단어나 어구를 바르게 배열하시오.

(1) 그들은 그 시험에 합격하기 위해서 열심히 공부한다.

➡ They study hard ______________________________.

(the exam / to / pass)

(2) 그는 그 뉴스를 듣고 놀랐다.

➡ He was ______________________________ the news.

(hear / to / surprised)

(3) 우리는 그 경기에서 우승하기 위해서 매일 축구를 연습했다.

➡ We practiced soccer every day ______________________________.

(to / the game / win)

단어 듣기 MP3

GRAMMAR

- 명사를 수식하는 to부정사 ▶ I have homework to do.
- 명사를 수식하는 to부정사의 위치 ▶ I need time to think.

WORDS

● 정답 p.10

Culture

07 파자마 파티

- ☐ **activity** 활동
- ☐ **scary** 무서운
- ☐ **lie** 눕다
- ☐ **fight** 싸우다
- ☐ **invite** 초대하다
- ☐ **fall asleep** 잠이 들다

1. I ____________ in bed to sleep.
2. Let's ____________ our friends to the party.

Food

08 운동할 때는 이 과일을 챙기세요

- ☐ **muscle** 근육
- ☐ **energy** 에너지, 힘
- ☐ **natural** 자연의, 천연의
- ☐ **match** 경기, 시합
- ☐ **digest** (음식을) 소화하다
- ☐ **mineral** (영양소) 미네랄

1. We watch a football ____________ on TV.
2. I can't ____________ fried food well.

Sports

09 놀라운 축구의 기술

- ☐ **roll** 굴리다
- ☐ **trick** 속임수; 묘기
- ☐ **forward** 앞으로
- ☐ **push** 밀다
- ☐ **avoid** 피하다
- ☐ **backward** 뒤로
- ☐ **step on** ~을 밟다
- ☐ **between** (둘) ~ 사이에
- ☐ **pretend** ~인 체하다

1. I don't like to meet him, so I ____________ him.
2. Kids ____________ snow and make snowmen.

Culture

67 words
Lexile **390L**
★★☆☆☆

Sarah loves having slumber parties.* She often invites her friends to sleep over at her house. This is a good way **to spend** time with her friends. They do a lot of fun things. They fight with their pillows. They sing songs and watch scary movies. They also eat delicious ice cream and tell funny stories. After all these activities, they lie in bed and fall asleep.

*slumber party 파자마 파티 (한 집에 모여 함께 자며 놀기)

1 윗글에서 Sarah가 친구들과 하는 일이 <u>아닌</u> 것은?

① 베개 싸움하기   ② 무서운 영화 보기

③ 아이스크림 먹기   ④ 밤새 깨어 있기

⑤ 재미있는 이야기 하기

2 다음 빈칸에 공통으로 들어갈 단어를 윗글에서 찾아 쓰시오.

(1) They ___________ a lot of money on clothes.

(2) We usually___________ the weekend with our parents.

---

party 파티(복수형 parties)   **invite** 초대하다   **sleep over** (남의 집에서) 자고 가다   **way** 방법   **spend** (시간을) 보내다; (돈을) 쓰다   **fight** 싸우다   **with** ~을 가지고   **pillow** 베개   **scary** 무서운   **movie** 영화   **delicious** 맛있는   **activity** 활동(복수형 activities)   **lie** 눕다   **fall asleep** 잠이 들다   **asleep** 잠이 든, 자고 있는   문 **clothes** 옷

1행 **She often invites her friends to sleep over at her house.**: 그녀는 종종 친구들을 그녀의 집에서 자고 가라고 초대한다. (invite + 목적어 + to부정사: ~을 …하도록 초대하다)

2행 **a good way to spend time**: 시간을 보내는 좋은 방법 (앞에 있는 a good way를 to부정사가 수식함.)

08

Food

57 words
Lexile **440L**
★★★☆☆

● 정답 p.11

Tennis players like to eat bananas when they play matches. Why do they do so? Bananas have a lot of natural sugars. These sugars give them quick energy. 3 Bananas also have plenty of minerals. These minerals help muscles work better. Bananas are easy to digest, too. How cool! They are the best snack **to give** quick 6 energy.

1 윗글의 바나나에 대한 설명과 일치하면 T, 일치하지 않으면 F에 체크하시오.

	T	F
(1) 에너지를 빨리 공급해 준다.	___	___
(2) 운동할 때 근육의 활동을 도와준다.	___	___
(3) 다른 음식의 소화를 도와준다.	___	___

2 다음 의미에 해당하는 단어를 윗글에서 찾아 쓰시오.

> to break down food in your body

match 경기, 시합(복수형 matches) **natural** 자연의, 천연의 **sugar** 당; 설탕 **give** 주다 **quick** 빠른 **energy** 에너지, 힘 **plenty of** 많은 **mineral** (영양소) 미네랄 **muscle** 근육 **work** 움직이다; 일하다 **easy** 쉬운 **digest** (음식을) 소화하다 📖 **break down** 분해하다

🔵**3행** **These sugars give them quick energy.**: 이러한 당분은 그들에게 빠른 에너지를 준다. (give A B: A에게 B를 주다)
🔵**6행** **They are the best snack to give quick energy.**: 그것들은 빠른 에너지를 주는 최고의 간식이다. (앞에 있는 the best snack을 to부정사가 수식함.)

In soccer, players do cool tricks. Some players kick the ball between another player's legs. Then, they get the ball again on the other side of the player. This is a smart way **to avoid** a defender.* (ⓐ) Neymar and Eden Hazard do it often. (ⓑ) They step on the ball and pretend to push it back. (ⓒ) Then, they quickly roll it forward. (ⓓ) It surprises other players. (ⓔ) Do you know why? Those players think the ball will go backward. Messi and Ronaldo use this trick often. They change the game with it. Soccer is full of fun surprises. These tricks make the game exciting.

*__defender__ (축구) 수비수

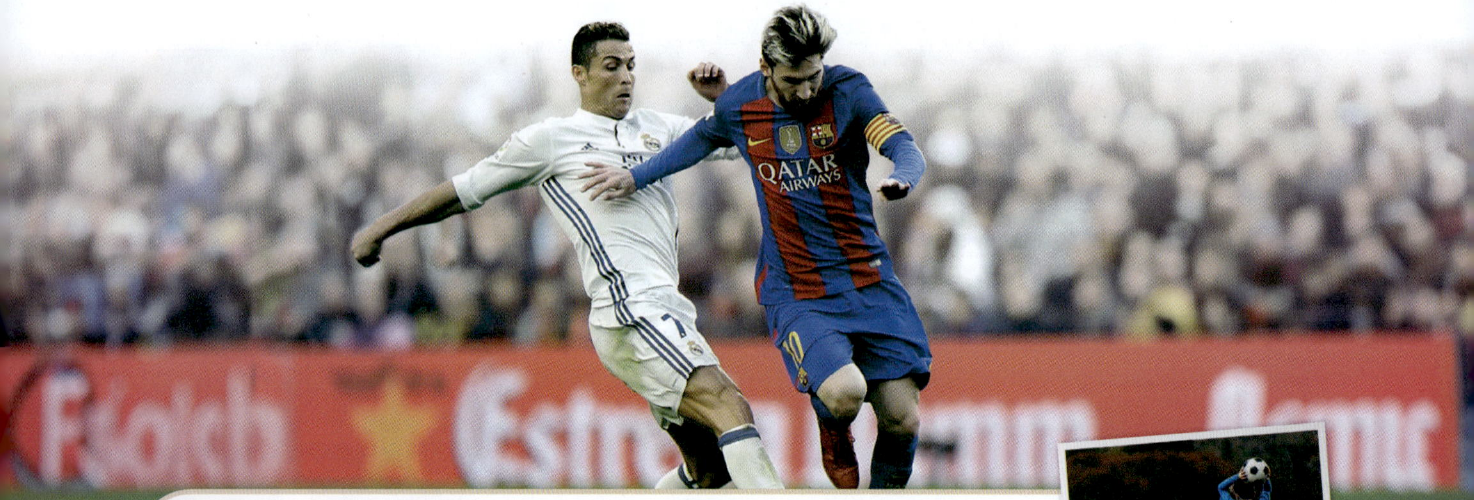

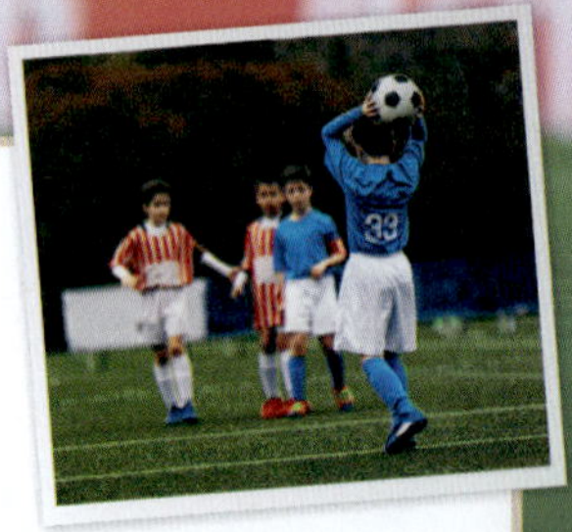

'축구공 기술'과 관련된 영어 표현

   세계인들이 좋아하는 볼 스포츠(ball sports) 중 하나인 축구는 공을 다루는 기술이 매우 중요하기 때문에 이와 관련된 용어들이 많이 있어요. 우선, 발로 공을 차는 기본 기술을 킥(kick)이라고 하는데, 사용하는 발의 부위에 따라 킥의 이름은 다양해요. 또한 같은 팀 선수들이 서로 공을 연결해주는 기술은 패스(pass), 공중에 떠있는 공을 머리로 받아내는 기술은 헤딩(heading)이라고 해요. 발로 공을 조절하면서 상대편 선수를 지나치는 기술은 드리블링(dribbling)이라고 하는데, 패스가 선수끼리 서로 주고 받는 기술인 반면에, 이 기술은 선수의 개인기에 해당하는 거예요. 마지막으로, 상대팀의 골대를 향해 공을 차서 득점하려는 시도는 슈팅(shooting)이라고 불러요.

1 윗글에서 다음 문장이 들어갈 위치로 가장 알맞은 곳은?

> Other players use a different trick.

① ⓐ   ② ⓑ   ③ ⓒ   ④ ⓓ   ⑤ ⓔ

2 윗글에 소개된 축구 기술이 <u>아닌</u> 것은?

①    ②    ③ 

3 다음 빈칸에 알맞은 단어를 윗글에서 찾아 어법에 맞게 고쳐 쓰시오.

> He is not rich, but he acts like a rich man.
>
> = He ___________ to be a rich man.

---

trick 속임수; 묘기   between (둘) ~ 사이에   leg 다리   the other side 반대쪽   smart 똑똑한   avoid 피하다   step on ~을 밟다   pretend ~인 체하다   push 밀다   roll 굴리다   forward 앞으로   surprise 놀라게 하다; 놀라움   backward 뒤로   be full of ~으로 가득 차다   exciting 흥미진진한   문 rich 부자인   act like ~처럼 행동하다

3행 a smart way **to avoid** a defender: 수비수를 피하는 똑똑한 방법 (앞에 있는 a smart way를 to부정사가 수식함.)

10행 These tricks **make the game exciting.**: 이러한 속임수들은 그 경기를 흥미진진하게 만든다. (make + 목적어 + 형용사: ~을 …하게 만들다)

GRAMMAR

01 명사를 수식하는 to부정사

I have homework to do.

나는 해야 할 숙제가 있다.

ⓘ to부정사[to + 동사원형]는 형용사처럼 명사를 수식할 수 있으며, '~할, ~하는'으로 해석한다.

02 명사를 수식하는 to부정사의 위치

I need time to think.

나는 생각할 시간이 필요하다.

ⓘ 형용사처럼 쓰이는 to부정사는 명사를 뒤에서 수식한다.

1 다음 문장의 괄호 안에서 알맞은 것을 고르시오.

(1) This skill is a smart way (be avoiding / to avoid) a defender.

(2) A slumber party is a good way (spend / to spend) time with friends.

(3) Bananas are the best snack (to give / to giving) quick energy.

2 다음 우리말에 맞게 주어진 단어나 어구를 바르게 배열하시오.

(1) 나는 새 전화기를 살 돈이 필요하다.

➡ I need ____ .

(a new phone / money / to buy)

(2) Anna는 그녀의 가족들과 함께 먹을 애플파이를 만든다.

➡ Anna makes ____ .

(with her family / an apple pie / to eat)

(3) 나는 파티에 입을 예쁜 드레스를 살 것이다.

➡ I will buy ____ .

(for the party / to wear / a pretty dress)

PREVIEW

단어 듣기 MP3

GRAMMAR

- 이유를 나타내는 접속사 because ▶ I was late **because** I missed the bus.
- 조건을 나타내는 접속사 if ▶ I will stay home **if** it rains.

WORDS

● 정답 p.14

☐ **candle** 양초　　☐ **heart** 마음; 심장　　☐ **pray** 기도하다
☐ **bathe** 목욕하다　　☐ **blessing** 축복　　☐ **clean** 깨끗이 하다

1. People ＿＿＿＿＿＿ at church.
2. The ＿＿＿＿＿＿ makes the room bright.

Places
10 인도의 갠지스강

☐ **lie** 거짓말하다　　☐ **useful** 쓸모 있는, 유용한　　☐ **fake** 가짜의
☐ **technology** 기술　　☐ **bad side** 나쁜 면　　☐ **trouble** 문제

1. The news is not true. It's ＿＿＿＿＿＿.
2. Don't ＿＿＿＿＿＿ to me. Tell me the truth.

Technology
11 AI 기술의 어두운 면

☐ **floor** 바닥　　☐ **enter** 들어가다　　☐ **find** 알아차리다; 찾다
☐ **dead** 죽은　　☐ **colorful** 형형색색의　　☐ **broken** 깨진
☐ **decide** 결정하다　　☐ **hit** 부딪치다; 때리다　　☐ **paint** 그리다, 칠하다

1. The children ＿＿＿＿＿＿ flowers in art class.
2. Be careful! The window is ＿＿＿＿＿＿!

Tales
12 새를 구하기 위한
소녀의 지혜

10

Places

55 words
Lexile **380L**
★★★☆☆

People in India love the Ganges River.[*] They think it is like a mother. They bathe in it during special events. Some people do this every day. They believe it cleans 3 their hearts. People also put candles by the river. Then they pray to their gods. They do this <u>because</u> they want their gods' blessings.

* **Ganges River** 인도의 갠지스강

1 윗글에 나타난 인도 사람들의 생각과 일치하면 T, 일치하지 <u>않으면</u> F에 체크하시오.

	T	F
(1) 갠지스강을 사랑하면 훌륭한 어머니가 된다.	___	___
(2) 갠지스강에서 목욕하면 마음이 깨끗해 진다.	___	___
(3) 갠지스강 주변에 큰 불을 피우면 행운이 찾아 온다.	___	___

2 윗글의 밑줄 친 this가 의미하는 것을 우리말로 쓰시오.

____

India 인도 bathe 목욕하다 during ~동안 event 행사 clean 깨끗이 하다 heart 마음; 심장 put 놓다
candle 양초 by ~ 옆에 river 강 then 그 다음에 pray 기도하다 god 신 blessing 축복

1행 it is like a mother: 그것은 어머니와 같다 (like + 명사: ~ 같은)
5행 They do this because they want their gods' blessings.: 그들은 그들의 신들의 축복을 원하기 때문에 이것을 한다. (because + 주어 + 동사: ~ 때문이다)

11

Technology

76 words
Lexile **420L**
★★★☆☆

AI* is a useful technology. It can do many good things. But it also has some bad sides. For example, AI can lie. It can change faces and voices in videos. This is not a problem in movies. But it can tell fake stories to people online. This can be a big problem. If someone shares a fake video, it can cause trouble. AI is very helpful. But we should use it in the right way.

*__AI (Artificial Intelligence)__ 인간과 같은 학습 능력을 가진 인공 지능

고난도

1 윗글의 제목으로 가장 알맞은 것은?

① AI Can Do Many Things
② How We Can Use Videos
③ Don't Use AI in a Bad Way
④ Problems with Online Stories
⑤ Fake Videos Make Movies Fun

2 윗글에 나타난 AI의 문제점으로 알맞은 것은?

① 가짜 뉴스를 퍼뜨리는 것
② 얼굴이나 목소리를 바꾸는 것
③ 사람들이 AI에 중독되는 것
④ 현실과 다른 영화가 많아지는 것
⑤ 일반인들이 기술을 따라가지 못하는 것

---

useful 쓸모 있는, 유용한   **technology** 기술   **bad side** 나쁜 면   **lie** 거짓말하다   **face** 얼굴   **voice** 목소리
video 비디오, 동영상   **fake** 가짜의   **online** 온라인에서; 온라인의   **cause** 일으키다, 유발하다   **trouble** 문제
helpful 도움이 되는   **in the right way** 올바른 방법으로   **way** 방법   문 **fun** 재미있는

5행 **If someone shares a fake video**: 만약 누군가가 가짜 동영상을 공유하면 (if + 주어 + 동사: 만약 ~하면)
7행 **But we should use it in the right way.**: 하지만 우리는 그것을 올바른 방법으로 사용해야 한다. (should + 동사 원형: ~해야 한다)

12

Tales

90 words
Lexile **450L**
★★★★☆

When Betty entered her bedroom, she found that the window was broken. And there was a dead bird on the floor. "Poor bird!" Betty felt very sad. This had happened several times before. Her bedroom window is next to a tree. Birds often flew into the window **because** they couldn't see it. Then Betty had a good idea. She decided to paint pictures on the window. She painted big colorful flowers on it. Now, birds don't hit the window. Because of the colorful pictures, the birds can see the window.

유리창 충돌로부터 새 보호하기

   고층 건물을 뒤덮은 유리창, 도로의 투명 방음벽 등의 시설물과 빛 공해(light pollution) 때문에, 해마다 우리나라에서 800만 마리의 새들이 유리창에 부딪혀 생명을 잃고 있다고 해요. 특히 계절에 따라 밤에 이주하는 철새들은 고층 빌딩에서 새어 나오는 조명 빛에 이끌려 건물과 충돌하거나 빛이 주는 혼란으로 방향을 잃고 추락하기도 하지요. 새들은 눈이 머리 양 옆에 달려있어 정면에 있는 물체와의 거리(distance)를 잘 인식하지 못하기 때문에 앞에 있는 장애물(obstacle)과 부딪칠 위험이 더욱 커요. 새들의 유리창 충돌 문제를 예방하기 위해서 유리창에 무늬를 넣거나 필름을 붙이고, 그물 등의 안전 장치(safety device)를 설치하고, 새들이 유리창을 볼 수 있도록 외부 조명을 세우는 등 다양한 노력을 하고 있답니다.

1 윗글에서 Betty가 새들이 죽는 것을 막기 위해 한 일로 알맞은 것은?

① 유리창 옆의 나뭇가지를 잘라냈다.

② 유리창을 없애고 벽을 만들었다.

③ 유리창을 나무들로 가렸다.

④ 유리창에 꽃 그림을 그렸다.

⑤ 유리창을 깨진 상태로 두었다.

2 Why did the birds hit the window? (완전한 문장으로 쓸 것)

____

3 다음 빈칸에 공통으로 들어갈 단어를 윗글에서 찾아 쓰시오.

(1) Raindrops ___________ the roof and make a noise.

(2) Don't ___________ your little brother. That's wrong.

enter 들어가다 bedroom 침실 find 알아차리다; 찾다(과거형 found) broken 깨진 dead 죽은 floor 바닥 poor 불쌍한 sad 슬픈 happen 발생하다, 일어나다 several times 여러 번 next to ~ 옆에 fly 날다(과거형 flew) decide 결정하다 paint 그리다, 칠하다 colorful 형형색색의 hit 부딪히다; 때리다 문 raindrop 빗방울 roof 지붕 wrong 잘못된, 나쁜

5행 because they couldn't see it: 그들은 그것을 볼 수 없었기 때문이다 (because + 주어 + 동사: ~ 때문이다)

8행 Because of the colorful pictures: 그 형형색색의 그림들 때문에 (because of + 명사(구): ~ 때문에)

GRAMMAR

● 정답 p.17

01 이유를 나타내는 접속사 **because**

I was late **because** I missed the bus.

나는 버스를 놓쳤기 때문에 지각했다.

❗ because는 '~ 때문에'를 의미하는 접속사로, 「because + 주어 + 동사」로 쓴다.

02 조건을 나타내는 접속사 **if**

I will stay home **if** it rains.

만약 비가 오면 나는 집에 머물 것이다.

❗ if는 '만약 ~하면'을 의미하는 접속사로, 「if + 주어 + 동사」로 쓴다.

❗ 조건을 나타내는 if절은 미래의 의미를 나타내더라도 현재 시제를 쓴다. (if it will rain X)

---

1 다음 문장의 밑줄 친 부분을 우리말로 해석하시오.

(1) Birds often flew into the window <u>because they couldn't see it.</u>

____

(2) <u>If someone shares a fake video,</u> it can cause trouble.

____

2 다음 우리말에 맞게 주어진 단어나 어구를 바르게 배열하시오.

(1) 나는 아프기 때문에 학교에 갈 수 없다.

➡ I can't go to school __________________________.

(am sick / I / because)

(2) 만약 제 도움이 필요하면 저에게 말해주세요.

➡ Please tell me __________________________.

(need my help / if / you)

(3) Max는 아침을 먹지 않았기 때문에 배가 고프다.

➡ Max is hungry __________________________.

(he / because / didn't eat breakfast)

PREVIEW

단어 듣기 MP3

GRAMMAR

- 형용사의 원급 ▶ Tom is **as tall as** Mike.
- 형용사의 비교급 ▶ I am **taller than** Tom.

WORDS

● 정답 p. 18

Animals
13 엄마 침팬지의 사랑

☐ **care** 관심; 돌봄 ☐ **feeling** 감정 ☐ **die** 죽다
☐ **understand** 이해하다 ☐ **carry** 데리고 있다, 들고 가다 ☐ **touch** 만지다

1. This bag is too heavy. Please help me ___________ it.
2. Don't ___________ the cup. It's hot.

Society
14 꽃과 인간의 공통점

☐ **more** 더 많이 ☐ **than** ~보다 ☐ **lovely** 사랑스러운
☐ **right** 옳은 ☐ **equally** 동등하게, 똑같이 ☐ **difference** 차이

1. The baby looks ___________.
2. Your answer isn't ___________. It's wrong.

Space
15 화성에 박테리아 보내기

☐ **Earth** 지구 ☐ **life** 생명체; 생명 ☐ **air** 공기
☐ **empty** 텅 빈 ☐ **comfortable** 편한, 쾌적한 ☐ **planet** 행성
☐ **oxygen** 산소 ☐ **completely** 완전히 ☐ **show up** 나타나다

1. This sofa is soft and ___________.
2. There is nothing in the glass. It's ___________.

13

Animals

57 words
Lexile **390L**
★★★☆☆

In a zoo in Spain, there is a mother chimpanzee. Her name is Natalia. She had a baby, but the baby died two weeks later. Surprisingly, Natalia still shows it love and care. She carries her baby everywhere. She also touches and kisses it. People at the zoo understand her feelings. They feel **as sad as** Natalia.

1 윗글의 내용과 일치하지 <u>않는</u> 것은?

① Natalia is a mother chimpanzee.
② Natalia forgets her baby.
③ Natalia always carries her baby.
④ Natalia shows love for her dead baby.
⑤ People feel sad for Natalia.

2 다음 의미에 해당하는 단어를 윗글에서 찾아 쓰시오. (단, 동사원형으로 쓸 것)

> to put your hand on something

Spain 스페인   **chimpanzee** 침팬지   **baby** 아기   **die** 죽다   **later** ~ 후에   **surprisingly** 놀랍게도
still 여전히   **show** 보여주다   **care** 관심; 돌봄   **carry** 데리고 있다, 들고 가다   **everywhere** 모든 곳에, 어디나
touch 만지다   **kiss** 입을 맞추다   **understand** 이해하다   **feeling** 감정   **sad** 슬픈   문 **put** 놓다

- - - - - - -

3행 **Natalia still shows it love and care.**: Natalia는 그것(그녀의 죽은 아기)에게 여전히 사랑과 관심을 보여준다.
(show A B: A에게 B를 보여주다)
7행 **They feel as sad as Natalia.**: 그들은 Natalia만큼 슬프게 느낀다. (as + 형용사 + as: ~만큼 …한)

14

Society

62 words
Lexile 380L
★★★☆☆

A white flower says to a yellow flower, "I am **more beautiful than** you." Is the white flower right? No. A yellow flower is **as beautiful as** a white flower. The color ₃ doesn't make a difference. Flowers of all colors are equally beautiful. In the same way, people of all colors are equally beautiful. They are all lovely children of ₆ Mother Nature.*

* **Mother Nature** 대자연 (자연을 어머니에 비유한 표현)

1 윗글에서 글쓴이가 말하고자 하는 것으로 가장 알맞은 것은?

① 사람들은 아름다운 꽃을 좋아한다.
② 자연은 모든 생물에게 공평하다.
③ 모든 사람은 피부색에 관계없이 평등하다.
④ 꽃은 종류에 상관없이 아름답다.
⑤ 사람에 따라 좋아하는 색깔이 다르다.

고난도
2 다음 빈칸에 알맞은 말을 윗글에서 찾아 쓰시오. (단, 3단어로 쓸 것)

> Age is not important in learning.
> = Age does not _______________________ in learning.

---

white 흰색의 flower 꽃 yellow 노란색의 more 더 많이 beautiful 아름다운 than ~보다 right 옳은 color 색깔 make a difference 중요하다 difference 차이 equally 동등하게, 똑같이 in the same way 마찬가지로 same 똑같은 lovely 사랑스러운 child 어린이(복수형 children) 문 age 나이 important 중요한

1행 **I am more beautiful than you.**: 나는 너보다 더 아름다워. (형용사의 비교급 + than: ~보다 더 …한)
2행 **A yellow flower is as beautiful as a white flower.**: 노란 꽃은 흰 꽃만큼 아름답다. (as + 형용사 + as: ~만큼 …한)

15

Space

106 words
Lexile **390L**
★★★★☆

Long ago, Earth was empty. There was no oxygen. And it was **as hot as** a stove. No life could live on it. Then, something special happened. Tiny bacteria* appeared and changed the Earth completely. The bacteria made oxygen by using sunlight. As a result, the Earth became a good place to live. Plants and animals started to show up.

Mars is like the young Earth in some ways. It has no air and no life. If we send bacteria to Mars, they may change the planet. If that happens, Mars will be **as comfortable as** the Earth. It will become a new home for humans.

* **bacteria** 박테리아 (지구상에서 가장 오래된 생명체 중 하나인 단세포 미생물)

Did You Know?

화성 탐사 (Mars Exploration)

태양계의 4번째 행성인 화성(Mars)은 생명체(life)가 있을 가능성 때문에 끊임없는 연구와 탐사가 진행되고 있는 행성이에요. 2018년에 이탈리아 공동 연구진은 국제학술지 '사이언스(Science)'에 화성에 깊이 1.5km, 지름 20km 규모의 호수가 존재한다고 발표했어요. 2024년에는 미국의 연구진이 화성의 지하에 화성 전체를 덮을 수 있을 만큼 많은 양의 물이 존재할 수 있다는 연구 결과를 발표했어요. 이것은 지구의 깊은 바다 속에 미생물이 살고 있듯이 화성 지하의 물 속에도 미생물이 살 가능성이 있다는 것을 의미해요. 이처럼 화성은 국제적인 협력과 경쟁의 무대이기도 하여, 미국, 중국, 인도를 포함한 여러 국가들이 화성 탐사를 위해 다양한 노력과 투자를 하고 있어요.

고난도

1 윗글을 다음과 같이 요약할 때, 빈칸에 알맞은 말이 바르게 짝지어진 것은?

> Long ago, bacteria turned the Earth into a (A) __________ place to live, so we may use bacteria to do the (B) __________ thing for Mars.

	(A)	(B)		(A)	(B)
①	good	same	②	terrible	same
③	safe	different	④	strange	different
⑤	quiet	new			

2 윗글에서 설명한 박테리아가 지구에 가져다 준 가장 큰 변화를 우리말로 쓰시오.

____

3 다음 빈칸에 공통으로 들어갈 단어를 윗글에서 찾아 쓰시오.

(1) A seatbelt can save your __________.

(2) Is there __________ on other planets?

Earth 지구 **empty** 텅 빈 **oxygen** 산소 **stove** 난로 **life** 생명체; 생명 **tiny** 아주 작은 **appear** 나타나다 **completely** 완전히 **as a result** 그 결과 **show up** 나타나다 **Mars** 화성 **young** 초기의; 젊은 **air** 공기 **planet** 행성 **comfortable** 편한, 쾌적한 **human** 인간 **문 turn A into B** A를 B로 바꾸다 **same** 같은 **seatbelt** 안전벨트

2행 **as hot as** a stove: 난로만큼 뜨거운 (as + 형용사 + as: ~만큼 …한)
5행 **by using** sunlight: 햇빛을 사용함으로써 (by + 동명사[동사원형-ing]: ~함으로써)

GRAMMAR

● 정답 p.21

01 형용사의 원급

Tom is **as tall as** Mike.

Tom은 Mike만큼 키가 크다.

❶ 두 대상의 동등함을 나타내는 형용사의 원급은 「as + 형용사 + as」로 쓰고 '~만큼 …한'으로 해석한다.

02 형용사의 비교급

I am **taller than** Tom.

나는 Tom보다 키가 더 크다.

❶ 두 대상을 비교하는 형용사의 비교급은 「형용사-er + than」으로 쓰고 '~보다 더 …한'으로 해석한다.
❶ beautiful, difficult와 같은 3음절 이상의 형용사는 앞에 more를 붙여 비교급을 만든다.

1 다음 문장의 괄호 안에서 알맞은 것을 고르시오.

(1) People feel as (sad / sad as) Natalia.

(2) The sunlight was as hot (as / than) a stove.

(3) I am (beautiful / more beautiful) than you.

2 다음 우리말에 맞게 주어진 단어나 어구를 바르게 배열하시오.

(1) 이 가방은 저 가방만큼 무겁다.

➡ This bag is ＿＿＿＿＿＿＿＿＿＿＿＿＿＿＿＿＿ that bag.
(heavy / as / as)

(2) John은 그의 형보다 더 빠르다.

➡ John is ＿＿＿＿＿＿＿＿＿＿＿＿＿＿＿＿＿.
(than / faster / his brother)

(3) 이 문제가 저 문제보다 더 어렵다.

➡ This question is ＿＿＿＿＿＿＿＿＿＿＿＿＿ that question.
(more / than / difficult)

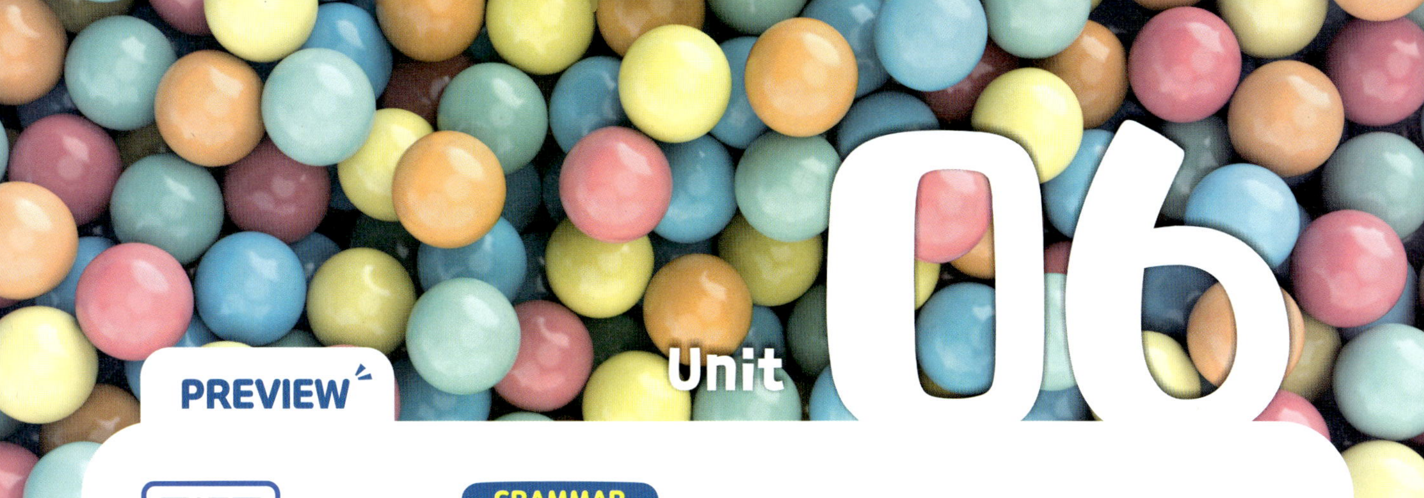

Unit 06

GRAMMAR

- 수여동사 ▶ Mike gave me a book.
- 수여동사 문장의 전환 ▶ Mike gave a book to me.

WORDS

● 정답 p.22

☐ **team** 팀　　☐ **number** 번호　　☐ **goalkeeper** 골키퍼
☐ **uniform** 유니폼　　☐ **position** (선수의) 위치　　☐ **special** 특별한

Sports
16 축구 선수 등번호의 숨겨진 의미

1. People think 7 is a lucky ____________.
2. Our ____________ won the soccer game.

☐ **seat** 좌석, 자리　　☐ **passenger** 승객　　☐ **get on** ~을 타다
☐ **blind** 눈이 먼, 시각 장애의　　☐ **stand up** 일어서다　　☐ **crowded** 붐비는, 꽉 찬

Tales
17 저기, 자리 좀 양보해 주세요!

1. I gave my ____________ to an old lady.
2. People ____________ the train at the station.

☐ **bomb** 폭탄　　☐ **expect** 기대하다　　☐ **train** 훈련시키다
☐ **safe** 안전한　　☐ **true** 사실인　　☐ **exercise** 훈련; 운동
☐ **tongue** 혀　　☐ **stick out** 내밀다　　☐ **sense of smell** 후각

Animals
18 폭탄을 탐지하는 꿀벌들

1. Dogs have a good ____________.
2. A frog catches a fly with its ____________.

● 정답 p.22

16

Sports

56 words
Lexile **460L**
★★★☆☆

In sports, players wear numbers on their uniforms. Their teams **give them numbers**. The numbers show ________________. For example, goalkeepers wear number 1. Defenders* wear numbers 2 to 6. What about forwards**? They wear numbers 7 to 11. The number 10 is special. The best players such as Messi and Neymar wear that number.

3

6

*defender (후방의) 수비수 **forward (전방의) 공격수

고난도

1 윗글의 빈칸에 들어갈 말로 가장 알맞은 것은?

① the players' skills
② the teams' records
③ the teams' names
④ the players' positions
⑤ the players' scores

2 윗글의 등번호에 대한 내용과 일치하지 <u>않는</u> 것은?

① 골키퍼는 1번을 단다.
② 수비수는 4번을 단다.
③ 공격수는 5번을 단다.
④ 실력이 아주 좋은 선수는 10번을 단다.
⑤ Messi는 공격수이다.

sport 스포츠, 운동 wear (번호를) 달다; (옷을) 입다 number 번호 uniform 유니폼 team 팀 goalkeeper 골키퍼 special 특별한 best 최고의, 가장 좋은 such as ~ 같은 문 skill 기술 record 기록 position (선수의) 위치 score 점수

2행 Their teams **give them numbers**.: 그들의 팀이 그들에게 번호를 준다. (give A B: A에게 B를 주다)

4행 **What about** forwards?: 공격수는 어떨까? (What about + 명사?: ~은 어떤가?)

17

Tales

71 words
Lexile **360L**
★★★☆☆

● 정답 p.23

A blind man and his dog got on a subway. The subway was crowded with passengers. The dog looked for a seat for the blind man. The dog went to a young man and ³ looked at him, but he didn't stand up. The dog moved to a little girl and looked at her. The girl saw the blind man and the dog and smiled warmly. She gave the man her ⁶ seat.

1 다음 대화의 빈칸에 알맞은 단어를 윗글에서 찾아 쓰시오.

> **A** What was the dog doing?
> **B** It was looking for a __________ for the blind man.

2 윗글의 내용과 일치하지 <u>않는</u> 것은?

① The dog was guiding the blind man.
② The young man was not nice.
③ The dog liked the young man.
④ The little girl was kind.
⑤ The dog was very smart.

---

blind 눈이 먼, 시각 장애의 **get on** ∼을 타다(과거형 got on) **subway** 지하철 **be crowded with** ∼으로 붐비다 **crowded** 붐비는, 꽉 찬 **passenger** 승객 **look for** ∼을 찾다 **seat** 좌석, 자리 **stand up** 일어서다 **move to** ∼으로 이동하다 **smile** 미소 짓다 **warmly** 따뜻하게 [문] **guide** 안내하다, 인도하다 **kind** 친절한 **smart** 똑똑한

4행 he **didn't** stand up: 그는 일어서지 않았다 (일반동사의 과거 시제 부정문: didn't[did not] + 동사원형)
6행 She **gave the man her seat**.: 그녀는 그 남자에게 자신의 자리를 내주었다. (give A B: A에게 B를 주다)

18

Animals

95 words
Lexile **600L**

★★★★★

Did you know bees can find bombs? It's true! Bees are very good at smelling. They use their strong sense of smell to find bombs. How do people train the bees? They **give the bees yummy food** when the bees smell a bomb. After doing this exercise a few times, the bees learn they will get a treat ________________. When the bees smell a bomb, they stick out their tongues because they expect food. These special bees are called "sniffer bees.*" Isn't that cool? These little helpers can keep us safe!

*sniffer bee (마약, 폭탄 등을) 냄새로 탐지하는 벌

꿀벌과 코로나 바이러스

벌이 인간과 생태계(ecosystem)에 많은 도움을 주고 있다는 것은 이미 잘 알려진 사실이에요. 그중 하나로 2021년에 네덜란드의 연구원들이 150마리 꿀벌들을 훈련시켜 코로나 감염자를 식별하는 데 성공했어요. 이 꿀벌들은 의료용 탐지견(medical detection dog)보다 감지 시간이 훨씬 빠르다고 해요. 이 연구는 파블로프의 조건반사 원리(개가 종소리만 듣고도 먹이를 기대하고 침을 흘리는 것)를 사용하여 꿀벌이 코로나 감염자의 냄새에 반응하도록 했어요. 훈련된 꿀벌들은 코로나 바이러스에 감염된 사람의 냄새를 맡을 때만 주둥이(proboscis)를 내밀었고, 95%의 정확도로 감염자를 식별해 냈어요. 꿀벌을 활용하는 이 방식은 저렴하면서도 안전하기 때문에 코로나 진단 도구(testing tool)로 널리 활용될 수 있다고 해요.

1 윗글에서 벌들이 훈련할 때 사용하는 감각으로 가장 알맞은 것은?

① 후각 ② 시각 ③ 촉각

④ 청각 ⑤ 미각

2 윗글의 빈칸에 들어갈 말로 가장 알맞은 것은?

① when they fly fast

② when they smell a bomb

③ when they come back home

④ when they make a lot of honey

⑤ when they don't eat sweet food

3 다음 빈칸에 공통으로 들어갈 단어를 윗글에서 찾아 쓰시오.

(1) ____________ makes you healthy.

(2) Staying calm is an ____________ in self-control.

bomb 폭탄 **true** 사실인 **be good at** ~을 잘하다 **strong** 강한; 힘센 **sense of smell** 후각 **train** 훈련시키다
exercise 훈련; 운동 **a few** 약간의, 몇 개의 **treat** (음식 등의) 특별한 대접 **stick out** 내밀다 **tongue** 혀
expect 기대하다 **helper** 도와주는 사람 **keep** (~한 상태로) 유지하다 **safe** 안전한 문 **stay** 유지하다
calm 침착한 **self-control** 자제력

1행 **Did you know (that) bees can find bombs?**: 당신은 벌들이 폭탄을 찾을 수 있다는 것을 알았는가? (접속사 that
은 「(that) + 주어 + 동사」로 쓰여 '~라는 것'을 의미하며, 생략할 수 있다.)

3행 **They give the bees yummy food**: 그들은 그 벌들에게 맛있는 먹이를 준다 (give + A + B: A에게 B를 주다)

GRAMMAR

01 수여동사

Mike gave me a book.

Mike는 <u>나에게 책 한 권을 주었다</u>.

❶ '～에게 …을 (해)주다'라는 의미를 가진 give, send, buy, tell 등의 동사를 '수여동사'라고 한다.
❶ 「give + A + B」는 'A에게 B를 주다'를 의미한다.

02 수여동사 문장의 전환

Mike gave a book to me.

Mike는 <u>나에게 책 한 권을 주었다</u>.

❶ 「give + A + B」는 「give + B + to + A」로 바꿔 쓸 수 있다.

1 다음 문장의 괄호 안에서 알맞은 것을 고르시오.

(1) The team gives (the players / to the players) numbers.

(2) My parents gave a Christmas gift (to me / me).

(3) She gave the blind man (her seat / to her seat).

2 다음 우리말에 맞게 주어진 단어나 어구를 바르게 배열하시오.

(1) 나는 내 남동생에게 장난감 하나를 주었다.

➡ I ____.
(a toy / gave / my brother)

(2) 우리는 Sarah에게 생일 선물을 주었다.

➡ We gave ________________________________.
(to / birthday gifts / Sarah)

(3) 그는 그의 친구들에게 크리스마스 카드를 줄 것이다.

➡ He will give ____________________________.
(his friends / to / Christmas cards)

Unit 07

단어 듣기 MP3

GRAMMAR

- make + 목적어 + 형용사 ▶ The news made them sad.
- keep + 목적어 + 형용사 ▶ The gloves keep my hands warm.

WORDS

● 정답 p.26

☐ **grow** 재배하다; 자라다   ☐ **climate** 기후   ☐ **reason** 이유
☐ **possible** 가능한   ☐ **country** 나라   ☐ **get hotter** 점점 더워지다

1. Africa has a hot ___________.
2. Days___________ in the summer.

Weather
19 한국에도 열대 과일이 자란다

☐ **tooth** 이, 치아   ☐ **hear** 듣다   ☐ **pray** 기도하다
☐ **next** 옆의; 다음의   ☐ **shout** 소리치다   ☐ **worry about** ~에 대해 걱정하다

1. My friend lives in the ___________ house.
2. Don't ___________ me. I'll be okay.

Tales
20 내 기도가 할아버지에게 닿기를!

☐ **ground** 땅   ☐ **forever** 영원히   ☐ **cycle** 순환
☐ **go on** 계속되다   ☐ **swallow** 삼키다   ☐ **poop** 똥; 똥을 싸다
☐ **food chain** 먹이 사슬   ☐ **be back** 돌아오다   ☐ **come along** 나타나다

1. It rained. There is water on the ___________.
2. Don't ___________ hot food too quickly.

Nature
21 생태계의 순환

19

Weather

59 words
Lexile **450L**
★★★☆☆

Mangoes and papayas are tropical* fruits. They come from the hot countries of Southeast Asia. But now Korean farmers can grow them. How is this possible? Is Korea warm enough? Yes, it is. And here is the reason. The Earth is getting hotter. 6 This **makes the Korean climate hotter**, too. Now, some tropical fruits can grow well in Korea.

*****tropical** 열대의, 열대 지방의

고난도

1 윗글의 내용과 관련이 있는 것으로 가장 알맞은 것은?

① 환경 오염 ② 세계 식량 부족
③ 열대 과일 재배 기술 ④ 지구 온난화
⑤ 미래 농업 기술

2 다음 빈칸에 공통으로 들어갈 단어를 윗글에서 찾아 쓰시오.

(1) The farmers ___________ potatoes.
(2) These trees ___________ best in hot and rainy places.

---

mango 망고 **papaya** 파파야 **fruit** 과일; 열매 **come from** ~에서 오다 **country** 나라(복수형 countries)
Southeast Asia 동남아시아 **Korean** 한국(인)의 **farmer** 농부 **grow** 재배하다; 자라다 **possible** 가능한
warm 따뜻한 **enough** 충분히 **reason** 이유 **Earth** 지구 **get hotter** 점점 더워지다 **climate** 기후

6행 And here is the reason.: 그리고 여기에 그 이유가 있다. (here is + 단수 명사: 여기에 ~이 있다)
7행 This makes the Korean climate hotter, too: 이것은 한국의 기후도 더 덥게 만든다.
(make + 목적어 + 형용사: ~을 …하게 만들다)

20

Tales

69 words
Lexile **450L**
★★☆☆☆

John loved chocolate. But his mom worried about his teeth. Sometimes Grandpa gave him chocolate. John's mom didn't say anything to **make Grandpa happy**. 3

John's birthday was coming soon. In his room, John prayed loudly, "God, please give me chocolate for my birthday!" 6

His mom asked, "Why are you shouting, John? God can hear well."

John said, "I know, but Grandpa in the next room can't 9 hear very well."

1 윗글에서 엄마가 John이 초콜릿을 먹도록 허락하는 때로 알맞은 것은?

① 이가 안 아플 때   ② 하느님께 기도할 때

③ 식사를 끝냈을 때   ④ 생일 선물로 받았을 때

⑤ 할아버지가 주셨을 때

2 윗글에서 John이 큰 소리로 기도한 이유로 알맞은 것은?

① 기분이 좋다는 것을 보여주려고

② 기도하는 것을 가족들에게 자랑하려고

③ 옆방의 할아버지에게 잘 들리도록 하려고

④ 엄마에게 초콜릿 선물을 부탁하려고

⑤ 하느님이 잘 들을 수 있도록 하려고

---

chocolate 초콜릿　**worry about** ~에 대해 걱정하다(과거형 worried)　**tooth** 이, 치아(복수형 teeth)　**sometimes** 때때로　**grandpa** 할아버지　**come** (때가) 오다　**pray** 기도하다　**loudly** 큰 소리로　**God** 하느님　**shout** 소리치다　**hear** 듣다　**know** 알다　**next** 옆의; 다음의

3행 **make Grandpa happy**: 할아버지를 행복하게 만들다 (make + 목적어 + 형용사: ~을 …하게 만들다)
5행 **please give** me chocolate: 저에게 초콜릿을 주세요 (please + 동사원형 ~: ~해주세요)

21

A mouse is eating corn. Suddenly a hungry snake comes along. Yum! The snake loves eating mice and swallows him quickly. But the snake doesn't realize that an eagle is watching him from the sky. The eagle likes eating snakes. She flies toward the snake and eats him.

The eagle poops on the ground. The poop **keeps the ground good and healthy**. New corn grows from the good soil. Now we are back to the start of the food chain with new corn. Soon, another mouse will come along, and then a snake, and then an eagle. <u>This cycle</u> of life will go on forever.

Did You Know?

생태계 속 생물들의 관계

　생태계(ecosystem)에 있는 모든 생물들(living things)은 주변에 있는 환경 및 다른 생물체와 영향을 주고받으며 살고 있어요. 이 생물들의 먹히는 관계를 나타낸 것을 먹이 사슬(food chain)이라고 하고, 이 먹이 사슬들이 얽혀서 그물처럼 된 것을 먹이 그물(food web)이라고 불러요. 예를 들어, 풀을 먹고 사는 메뚜기는 개구리의 먹이가 되고, 개구리는 다시 뱀에게 잡아먹히고, 이후에 먹이 사슬의 맨 위에 있는 생물은 그 지역에서 최상위 포식자로 군림하게 되지요. 물론 개구리의 먹이는 메뚜기뿐만 아니라 다른 곤충들도 있을 수 있고, 뱀 또한 개구리뿐만 아니라 쥐나 토끼 등도 잡아먹으며 또 다른 먹이 그물을 만들 수 있는데, 먹이 그물이 다양할수록 산불이나 가뭄 등의 외부 위험에 더 잘 대처할 수 있게 된답니다.

1 다음 표의 빈칸에 알맞은 말을 윗글에서 찾아 쓰시오.

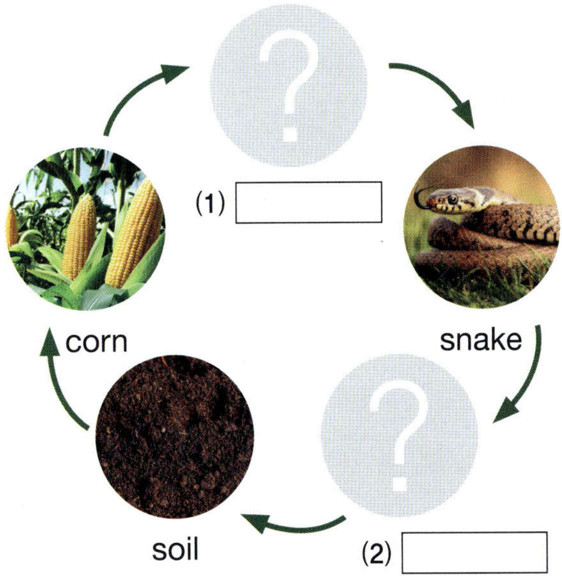

2 윗글의 밑줄 친 This cycle이 의미하는 것으로 알맞은 것은?

① 생태계의 구성 요소　　　　② 생물들의 진화

③ 동물들의 생존 경쟁　　　　④ 생태계의 먹이 사슬

⑤ 식물과 동물이 서로 돕는 방법

3 다음 의미에 해당하는 단어를 윗글에서 찾아 쓰시오. (단, 동사원형으로 쓸 것)

> to move food from your mouth to your stomach

---

mouse 생쥐(복수형 mice)　suddenly 갑자기　snake 뱀　come along 나타나다　yum 냠냠(맛있다는 감탄사)
swallow 삼키다　realize 깨닫다　eagle 독수리　fly 날다(3인칭 단수형 flies)　toward ~을 향하여　poop 똥;
똥을 싸다　ground 땅　be back 돌아오다　food chain 먹이 사슬　cycle 순환　life 생명　go on 계속되다
forever 영원히　문 stomach 위장

6행 **keeps the ground good and healthy**: 땅을 좋고 건강하게 유지해 준다 (make + 목적어 + 형용사: ~을 …하게 유지하다)
10행 **then a snake, and then an eagle**: 그다음에는 뱀이(나타날 것이고), 그다음에는 독수리가(나타날 것이다)
　　(snake와 eagle 뒤에 will come along이 각각 생략됨.)

GRAMMAR

● 정답 p.29

01 make + 목적어 + 형용사

The news **made them sad**.

그 소식은 그들을 슬프게 만들었다.

❶ 「make + 목적어 + 형용사」는 '~을 …하게 만들다'를 의미한다.

02 keep + 목적어 + 형용사

The gloves **keep my hands warm**.

그 장갑은 내 손을 따뜻하게 유지해 준다.

❶ 「keep + 목적어 + 형용사」는 '~을 …하게 유지하다'를 의미한다.

1 다음 문장의 밑줄 친 부분을 우리말로 해석하시오.

(1) John's mom didn't say anything to <u>make Grandpa happy</u>.

____

(2) The poop <u>keeps the ground healthy</u>.

____

2 다음 우리말에 맞게 주어진 단어나 어구를 바르게 배열하시오.

(1) 그 선풍기는 내 방을 시원하게 만든다.

➡ The fan _______________________________.

(cool / makes / my room)

(2) 냉장고는 음식을 신선하게 유지해 준다.

➡ Refrigerators _______________________________.

(food / fresh / keep)

(3) 그 선물들은 그 아이들을 기쁘게 만들었다.

➡ The gifts _______________________________.

(happy / the children / made)

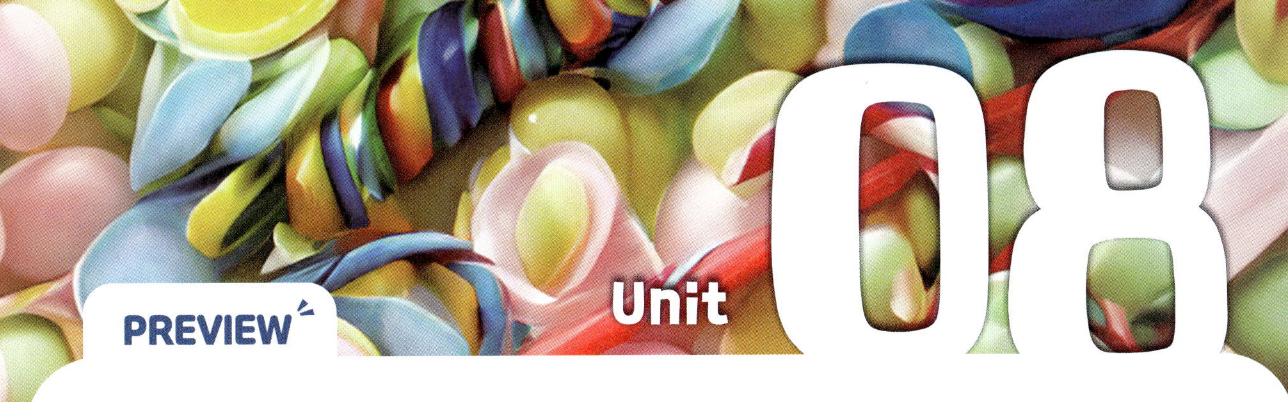

Unit 08

단어 듣기 MP3

GRAMMAR

- 사역동사 make ▶ Mom **made me clean** my room.
- 동사 help ▶ I **helped him (to) move** the box.

WORDS

● 정답 p.30

Technology
22 AI로 증명사진 만들기

- ☐ **part** 부분
- ☐ **ready** 준비가 된
- ☐ **erase** 지우다
- ☐ **background** 배경
- ☐ **popular** 인기 있는
- ☐ **download** 다운로드하다

1. Come on, dinner's __________!
2. Korean food is __________ around the world.

Culture
23 파란색의 다양한 의미

- ☐ **win** 우승하다
- ☐ **funeral** 장례식
- ☐ **luck** 운, 행운
- ☐ **mean** 의미하다
- ☐ **death** 죽음
- ☐ **athlete** 운동선수

1. Who will __________ the game today?
2. A four-leaf clover means good __________.

Friends
24 새 친구를 사귀려면 눈을 맞추세요

- ☐ **use** 이용하다
- ☐ **eye contact** 눈맞춤
- ☐ **uncomfortable** 불편한
- ☐ **chance** 기회
- ☐ **approach** 다가가다
- ☐ **easily** 쉽게
- ☐ **friendly** 다정한
- ☐ **interested** 관심이 있는
- ☐ **around** ~의 주위에

1. Don't __________ the big dog.
2. This jacket is __________ because it is too small.

22

Technology

70 words
Lexile **370L**
★★★☆☆

Do you need a new ID*photo? Just give one of your pictures to AI.** AI will look at it and make a nice ID photo for you quickly. ⓐ AI can change your clothes. ⓑ It can also **make you smile**. ⓒ You may not like some parts of the background. ⓓ AI can change or even erase them, too. ⓔ AI pictures are popular with children. Now your photo is ready! Just download it. It is quick and simple.

** **ID (identification)** 신분증*
** **AI (Artificial Intelligence)** 인간과 같은 학습 능력을 가진 인공 지능

---

1 윗글의 ⓐ~ⓔ 중에서 흐름상 <u>어색한</u> 문장은?

① ⓐ   ② ⓑ   ③ ⓒ   ④ ⓓ   ⑤ ⓔ

2 윗글에서 AI가 사진을 만들 때 하는 일로 언급되지 <u>않은</u> 것은?

① 사진 속의 옷 바꾸기
② 얼굴 표정 바꾸기
③ 사진 배경 바꾸기
④ 헤어스타일 바꾸기
⑤ 원하지 않는 것 지우기

ID photo 증명사진   **picture** 사진   **look at** ~을 보다   **quickly** 빨리   **change** 바꾸다   **clothes** 옷   **smile** 미소 짓다   **part** 부분   **background** 배경   **even** 심지어   **erase** 지우다   **popular** 인기 있는   **ready** 준비가 된   **download** 다운로드하다   **quick** 빠른   **simple** 간단한

1행 **one of your pictures**: 당신의 사진들 중의 하나 (one of + 복수 명사: ~들 중의 하나)
3행 **It can also make you smile.**: 그것은 당신이 미소를 짓도록 만들 수도 있다. (make + 목적어 + 동사원형: ~이 …하도록 만들다)

23

Culture

68 words
Lexile **480L**
★★★★☆

Long ago, people believed the blue sky was the home of the gods. So blue **made them feel** happy. In the West, many people still think that blue brings good luck. Some athletes wear blue to win. In China, however, blue can mean a new start or death. So people sometimes wear blue at funerals. Blue is a cool color. It can mean many things around the world.

1 윗글의 내용과 일치하면 T, 일치하지 않으면 F에 체크하시오.

	T	F
(1) 옛날에는 파란 하늘이 신들의 집이라고 믿었다.	____	____
(2) 옛날 사람들에게 파란색은 행복을 느끼게 했다.	____	____
(3) 서양의 운동선수들은 우승하기 위해서 파란색 옷을 입기도 한다.	____	____
(4) 중국에서는 파란색이 주로 행운을 의미한다.	____	____

2 다음 의미에 해당하는 말을 윗글에서 찾아 쓰시오. (단, 단수형으로 쓸 것)

someone who plays sports

---

long ago 옛날에 **believe** 믿다 **sky** 하늘 **god** 신 **the West** 서양 **still** 여전히 **bring** 가져오다 **luck** 운, 행운 **athlete** 운동선수 **win** 우승하다 **however** 하지만 **mean** 의미하다 **start** 시작 **death** 죽음 **funeral** 장례식 **cool** 멋진 **around the world** 전 세계에서

2행 **made them feel** happy: 그들을 행복하게 느끼도록 만들었다 (make + 목적어 + 동사원형: ~이 …하도록 만들다)
4행 Some athletes wear blue **to win**.: 몇몇 운동선수들은 우승하기 위해서 파란색을 입는다. ('~하기 위해서'라는 뜻을 나타내는 to부정사)

24

Friends

89 words
Lexile **340L**
★★★★☆

You are at a party. There are many boys and girls around you. This is a good chance to make new friends. How do you start? Use eye contact.* (ⓐ) If people look at you often, they may be interested in you. (ⓑ) If you like them, look back at them. (ⓒ) This can **make them feel** uncomfortable. (ⓓ) Do you want to make your eye contact more friendly? (ⓔ) Then just smile when you look at people. This will **help them approach** you more easily.

3

6

*****eye contact** 눈맞춤

Did You Know?

메라비언의 법칙 (the Law of Mehrabian)
　미국의 저명한 대학 교수이자 학자인 앨버트 메라비언(Albert Mehrabian)은 의사소통 중에 상대방에 대한 인상이나 호감을 결정짓는 요소로 '보이는' 몸짓 언어(body language)와 '들리는' 목소리가 '말하는' 내용보다 훨씬 더 중요하다고 강조했어요. 그의 책에 따르면, 말이 의사소통(communication)에 미치는 영향력은 고작 7%인 반면에, 목소리는 38%, 몸짓 언어는 무려 55%나 차지한다고 해요. 여러분이 처음 만난 친구와 빠르게 친밀감을 쌓고 싶다면, 밝은 목소리로 대화를 끌어가면서 중간 중간에 그 친구와 눈을 마주치면서(eye contact) 미소를 짓는 것(smiling)이 효과적이라는 점을 꼭 기억하세요.

고난도

1 윗글을 다음과 같이 요약할 때, 빈칸에 알맞은 말을 쓰시오.

> Use eye ___________ and a smile to make ___________ at a party.

2 윗글에서 다음 문장이 들어갈 위치로 가장 알맞은 곳은?

> But don't look at them for too long.

① ⓐ   ② ⓑ   ③ ⓒ   ④ ⓓ   ⑤ ⓔ

3 윗글의 친구를 사귀는 법에 대한 설명과 일치하면 T, 일치하지 않으면 F에 체크하시오.

	T	F
(1) 상대가 나를 보면 함께 시선을 마주쳐라.	____	____
(2) 내가 오래 바라보면 상대는 더 많은 관심을 보일 것이다.	____	____
(3) 눈을 마주칠 때 미소를 지으면 효과가 더 커진다.	____	____

4 다음 의미에 해당하는 단어를 윗글에서 찾아 쓰시오.

> to come or go towards something

---

around ~의 주위에   chance 기회   make a friend 친구를 사귀다   use 이용하다   often 자주   be interested in ~에 관심이 있다   interested 관심이 있는   look back (응답하여) 바라보다   uncomfortable 불편한   friendly 다정한   approach 다가가다   easily 쉽게   문 for too long 너무 오랫동안

2행 a good chance to make new friends: 새 친구들을 사귈 좋은 기회 (앞에 있는 a good chance를 to부정사가 수식함.)

5행 This can make them feel uncomfortable.: 이것은 그들이 불편하게 느끼도록 만들 수 있다.
(make + 목적어 + 동사원형: ~이 …하도록 만들다)

GRAMMAR

● 정답 p.33

01 사역동사 make

Mom made me clean my room.

엄마는 내가 내 방을 청소하게 만들었다.

❗ '어떤 행동을 하도록 시킨다'는 의미를 나타낼 때 쓰는 동사를 '사역동사'라고 한다.

❗ 사역동사 make는 「make + 목적어 + 동사원형」으로 쓰고, '~이 …하도록 만들다'를 의미한다.

02 동사 help

I helped him (to) move the box.

나는 그가 그 상자를 옮기는 것을 도왔다.

❗ help가 '~이 …하는 것을 돕다'를 의미할 때는 「help + 목적어 + 동사원형/to부정사」로 쓴다.

1 다음 문장의 괄호 안에서 알맞은 것을 고르시오.

(1) AI can make you (smile / smiled).

(2) Blue made people (to feel / feel) happy.

(3) Smiling will help people (approach / approaching) you easily.

2 다음 우리말에 맞게 주어진 단어나 어구를 바르게 배열하시오.

(1) 그 선생님은 우리가 많은 책을 읽도록 만든다.

➡ The teacher ___________________________.
(us / read many books / makes)

(2) 그의 농담은 항상 사람들을 웃게 만들었다.

➡ His joke always ___________________________.
(made / laugh / people)

(3) 나는 매일 부모님이 설거지하는 것을 돕는다.

➡ I ___________________________ every day.
(wash the dishes / my parents / help)

Unit 09

GRAMMAR

- ask + 목적어 + to부정사 ▶ I asked John to help me.
- want + 목적어 + to부정사 ▶ We want you to join our club.

WORDS

● 정답 p.34

- ☐ **map** 지도
- ☐ **point** 가리키다
- ☐ **gather** 모이다; 모으다
- ☐ **spot** 장소, 지점
- ☐ **discover** 발견하다
- ☐ **certain** 특정한

1. Scientists ___________ new facts.
2. A ___________ shows cities and roads.

- ☐ **idea** 생각, 아이디어
- ☐ **company** 회사
- ☐ **deadline** 마감 시간
- ☐ **name** 이름; 이름을 지어주다
- ☐ **no one** 아무도 ~않다
- ☐ **come up with** ~을 생각해 내다

1. We will ___________ the cat Bella.
2. I finished the work by the ___________.

- ☐ **avoid** 피하다
- ☐ **safe** 안전한
- ☐ **relax** 편히 쉬다
- ☐ **dangerous** 위험한
- ☐ **accident** 사고
- ☐ **traffic light** 신호등
- ☐ **sensor** 센서, 감지기
- ☐ **passenger** 승객
- ☐ **convenient** 편리한

1. Playing with fire is ___________.
2. The store is near my house, so shopping is ___________.

25

Tales

68 words
Lexile **410L**
★★★☆☆

It's world history class. The students gather around a large map. The teacher **asks the students to find** certain countries. He starts with Ella. "Where is America?"

Ella points to a spot on the map and says, "It's here." "Very good," says the teacher with a smile.

Then he asks Jack, "Who discovered America?"

Jack answers, "Ella did!"

The whole class bursts into laughter.

3

6

---

1 윗글에서 선생님이 Jack에게 기대한 대답으로 가장 알맞은 것은?

① I don't know.　　② You did.　　③ Yes, I was.

④ Columbus did.　　⑤ Lincoln did.

2 윗글의 밑줄 친 Ella did!와 같은 뜻이 되도록 빈칸에 알맞은 단어를 본문에서 찾아 쓰시오.

Ella did! = Ella ___________ America!

---

world history 세계사　history 역사　class 수업; 반　gather 모이다; 모으다　map 지도　ask 요청하다; 묻다　certain 특정한　point 가리키다　spot 장소, 지점　with a smile 웃으며　discover 발견하다　America 미국, 아메리카 대륙　answer 대답하다　whole 전체의　burst into laughter 웃음을 터뜨리다

2행 **The teacher asks the students to find** certain countries.: 선생님은 그 학생들에게 특정한 나라들을 찾으라고 요청한다. (ask + 목적어 + to부정사: ~에게 …해 달라고 부탁(요청)하다)

26

Society

---

76 words
Lexile **330L**
★★★☆☆

Steve Jobs* started a computer company in 1976. However, it did not have a name in the beginning. One day, he asked his team to think of a name for it. He said, ₃ "Find a name by five o'clock. If you don't, it'll be Apple." The team worked hard to gather ideas. However, no one came up with an idea by the deadline. So Jobs named the company Apple. Why Apple? Apple was his favorite fruit.

*Steve Jobs 스티브 잡스 (1955~2011, 미국 기업 애플의 창업자)

1 윗글의 제목으로 가장 알맞은 것은?

① The Life of Steve Jobs   ② The History of Apple

③ Steve Jobs' Favorite Fruit   ④ Steve Jobs' Dream

⑤ The Birth of Apple's Name

2 다음 빈칸에 알맞은 말을 윗글에서 찾아 어법에 맞게 고쳐 쓰시오.
(단, 3단어로 쓸 것)

> Can you think of a new idea?
> = Can you ________________ a new idea?

---

company 회사   **name** 이름; 이름을 지어 주다   **in the beginning** 처음에   **team** 팀   **think of** ~을 생각하다
by ~까지   **o'clock** (정각) ~시   **idea** 생각, 아이디어   **no one** 아무도 ~않다   **come up with** ~을 생각해 내다
deadline 마감 시간   📖 **life** 인생   **favorite** 가장 좋아하는   **birth** 탄생, 출생

3행 he asked his team to think of a name for it: 그는 그의 팀에게 그것을 위한 이름을 생각해 보라고 요청했다
(ask + 목적어 + to부정사: ~에게 …해 달라고 부탁(요청)하다)

Cars in the future will be very smart. They won't need a driver because they will run themselves. People **want their cars to be** safe. Don't worry! These self-driving cars* will ___________________. They will use cameras and sensors while they drive. The cars will see the road and communicate with one another. This will help them avoid accidents. There will be no traffic lights on the streets. But the cars will know when to go and stop. Passengers can relax in the cars. They can watch videos or enjoy snacks. The cars will be like their living rooms. How convenient!

3

6

9

self-driving car 자율주행 자동차

Did You Know?

자율주행 자동차 (Self-driving Car)

사람이 직접 운전하지 않아도 스스로 목적지까지 주행할 수 있는 자동차로, '운전자 없는 차'를 의미하는 driverless car라고 부르기도 해요. 이 자동차에는 다양한 AI 기술이 접목된 최첨단 센서(sensor)와 고성능 그래픽(graphics) 처리 장치가 장착되어 있어요. 센서는 사물 간의 거리를 측정해 위험(danger)을 감지해 주고, 그래픽 처리 장치는 여러 대의 카메라를 통해 주변 환경을 파악하여 안전하게 운전할 수 있도록 해 주지요. 사람이 운전할 때 운전대 조작을 보조해 주거나 일정한 속도로 주행하게 하는 등의 기본 기능은 현재도 이미 활용되고 있으며, 완전한 자율 주행이 가능하도록 하기 위해 다양한 연구와 실험이 계속되고 있어요. 하지만 비상 상황에서의 대응이 사람보다 느릴 수 있고, 컴퓨터 해킹 위험이 있다는 점은 자율주행 자동차가 극복해야 할 과제들이에요.

 고난도

1 윗글의 빈칸에 들어갈 말로 가장 알맞은 것은?

① drive really fast
② not be dangerous
③ have great designs
④ not be so expensive
⑤ find places very well

2 윗글에서 언급한 자율주행 자동차의 특징과 일치하지 <u>않는</u> 것은?

① 운전자가 없어도 주행이 가능하다.
② 카메라와 센서가 장착되어 있다.
③ 교통 신호등을 사람보다 더 잘 인식할 수 있다.
④ 자동차들끼리 정보를 교환하여 사고를 피한다.
⑤ 거실에서 쉬는 듯한 편안한 느낌을 준다.

3 다음 의미에 해당하는 단어를 윗글에서 찾아 쓰시오.

> not in danger or away from harm

---

in the future 미래에   driver 운전자   run 주행한다   safe 안전한   worry 걱정하다   sensor 센서, 감지기
communicate with ~와 정보를 교환하다   avoid 피하다   accident 사고   traffic light 신호등   passenger
승객   relax 편히 쉬다   convenient 편리한   문 dangerous 위험한   design 디자인   expensive 값비싼
danger 위험   harm 해, 피해

2행 **People want their cars to be** safe.: 사람들은 그들의 자동차가 안전하기를 원한다. (want + 목적어 + to부정사: ~이 …하기를 원하다)

8행 **when to go** and **stop**: 언제 가고 멈춰야 하는지 (when + to부정사[to + 동사원형]: 언제 ~할지)

GRAMMAR

● 정답 p.37

01 ask + 목적어 + to부정사

I **asked John to help** me.
나는 John에게 나를 <u>도와 달라고 부탁했다</u>.

❶ 「ask + 목적어 + to부정사」는 '〜에게 …해 달라고 부탁(요청)하다'라는 의미이다.

02 want + 목적어 + to부정사

We **want you to join** our club.
우리는 네가 우리 동아리에 <u>가입하기를 원한다</u>.

❶ 「want + 목적어 + to부정사」는 '〜이 …하기를 원하다'라는 의미이다.

1 다음 문장의 괄호 안에서 알맞은 것을 고르시오.

(1) People want their cars (are / to be) safe.

(2) Steve asked his team (think of / to think of) a name for the company.

(3) The teacher asked me (to find / finding) a country on the map.

2 다음 우리말에 맞게 주어진 단어나 어구를 바르게 배열하시오.

(1) 나는 Ann에게 창문을 닫아 달라고 부탁했다.

➡ I ____.
(Ann / to close the window / asked)

(2) 그의 부모님은 그가 의사가 되기를 원한다.

➡ His parents ________________________________.
(want / to become a doctor / him)

(3) 그들은 나에게 사진을 찍어 달라고 부탁했다.

➡ They ____.
(me / asked / to take pictures)

GRAMMAR

- 지각동사의 의미 ▶ I saw Dave play soccer.
- 지각동사 + 목적어 + 동사원형 ▶ I heard the baby cry.

WORDS

● 정답 p.38

Animals

28 외로운 개에게 생긴 뜻밖의 가족

- ☐ **lonely** 외로운
- ☐ **duckling** 새끼 오리
- ☐ **pond** 연못
- ☐ **notice** 알아차리다
- ☐ **follow** 따라가다
- ☐ **care for** ~을 돌보다

1. I see many fish in the ___________.

2. The mother duck swims with her ___________.

Technology

29 플랫폼이 무엇인가요?

- ☐ **mean** 의미하다
- ☐ **search** 검색하다
- ☐ **wood** 나무, 목재
- ☐ **share** 공유하다
- ☐ **piece** 조각
- ☐ **appear** 등장하다

1. I ate a ___________ of pizza for lunch.

2. Let's ___________ the internet for more information.

Tales

30 앵무새가 말한 숫자의 정체는?

- ☐ **wing** 날개
- ☐ **chirp** 짹짹거리다
- ☐ **call** 전화하다
- ☐ **same** 똑같은
- ☐ **broken** 부러진
- ☐ **teach** 가르치다
- ☐ **look at** ~을 보다
- ☐ **pick up** (차로) 데리러 가다
- ☐ **curious** 궁금한

1. The birds ___________ in the tree.

2. Twins have the ___________ birthday.

28

Animals

75 words
Lexile **410L**
★★★☆☆

Daniel was an old, lonely dog in England. He often **saw ducklings swim** in a pond. He noticed they were without their mother. One day, the ducklings came up to Daniel and stayed close to him. Perhaps they saw him as their father. From that day, they followed him everywhere. Daniel began to care for them like he was their father. Then they were not lonely anymore. Daniel and the ducklings became a happy family.

1 윗글의 주제로 가장 알맞은 것은?

① 오리를 길들이는 방법　　② 엄마를 찾는 새끼 오리들

③ 새끼 오리들의 아빠가 된 개　　④ 연못에 사는 동물들의 우정

⑤ 오리가 개를 좋아하는 이유

2 다음 빈칸에 알맞은 단어를 윗글에서 찾아 어법에 맞게 고쳐 쓰시오.

The puppies walk behind their mother.
= The puppies ＿＿＿＿＿＿＿ their mother.

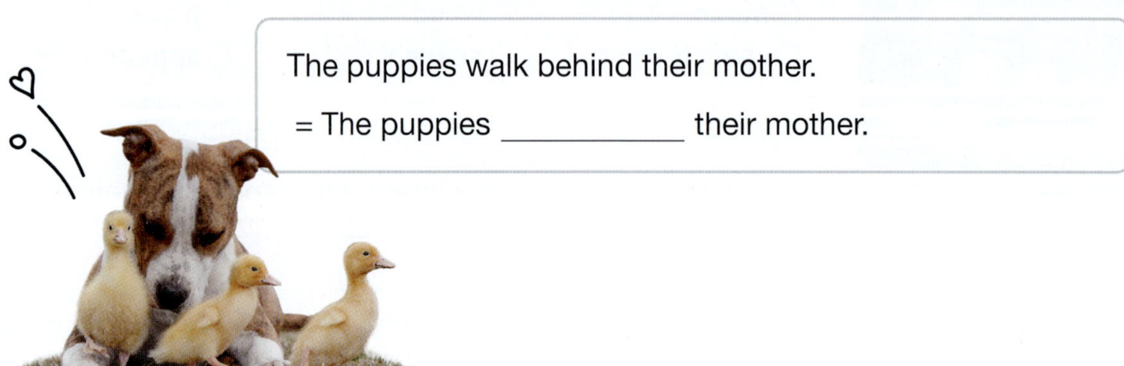

lonely 외로운　England 잉글랜드　duckling 새끼 오리　pond 연못　notice 알아차리다　without ～ 없이　come up to ～에게 다가가다　stay close 가까이 머물다　see A as B A를 B라고 여기다(과거형 saw)　follow 따라가다　everywhere 모든 곳에, 어디나　care for ～을 돌보다　not ~ anymore 더 이상 ～아닌　[문] puppy 강아지 (복수형 puppies)

1행 He often saw ducklings swim: 그는 종종 새끼 오리들이 헤엄치는 것을 보았다 (지각동사 + 목적어 + 동사원형)
6행 like he was their father: 그가 그들의 아버지인 것처럼 (like + 주어 + 동사: 마치 ～처럼)

29

Technology

56 words
Lexile **420L**

★★★★☆

● 정답 p.39

A long time ago, a "platform*" was just a flat piece of wood. Later, trains appeared. Then it became a place for waiting. Today, a platform means a website. We can see people talk and search there. Google and YouTube are big platforms. We do many important things there. We share ideas and watch fun videos.

* **platform** (기차역의) 플랫폼; 온라인 콘텐츠 제공 서비스

1 윗글의 제목으로 가장 알맞은 것은?

① How to Use Platforms
② The History of "Platform"
③ Getting Help from Platforms
④ People's Love for Platforms
⑤ The Importance of Platforms

2 윗글에 언급된 플랫폼에서 하는 활동이 <u>아닌</u> 것은?

① 열차 기다리기　　② 검색하기
③ 의견 나누기　　④ 동영상 보기
⑤ 쇼핑하기

---

a long time ago 오래전에　**flat** 평평한, 납작한　**piece** 조각　**wood** 나무, 목재　**later** 나중에　**appear** 등장하다
place 장소　**wait** 기다리다　**mean** 의미하다　**website** 웹사이트　**search** 검색하다　**important** 중요한
share 공유하다　**문 importance** 중요성

2행 **a place for waiting**: 기다림을 위한 장소 (전치사 + 동명사[동사원형-ing]: ～하는 것을 위한)
3행 **We can see people talk and search there.**: 우리는 사람들이 그곳에서 이야기하고 검색하는 것을 볼 수 있다.
(지각동사 + 목적어 + 동사원형)

30

Tales

117 words
Lexile **410L**

★★★★☆

John was walking down a street. Then he saw a parrot with a broken wing under a tree. When he stopped and looked at it, the bird chirped out some numbers.

3

(A) It kept saying the same numbers. John thought, "Maybe it's a phone number." So he called the number on his phone.

6

(B) John was surprised. He knew that some parrots could say words. But he never **heard parrots say** numbers. He was curious about the numbers, so he took the bird home.

9

(C) A woman answered the phone and said, "The parrot is mine. I taught my phone number to him." The next day, the woman came to pick up her bird and thanked John for his help.

12

Did You Know?

회색 앵무새 (Grey Parrot)

아프리카 중부 지역에 주로 서식하는 회색 앵무새(Grey Parrot)는 인간의 4~6세 정도 되는 뛰어난 지능을 가지고 있어요. 이 앵무새에 대해 사람들이 관심을 가지게 된 것은 미국의 아이린 페퍼버그(Irene Pepperberg) 박사에 의해 훈련받은 애완용 회색 앵무새인 알렉스(Alex)가 등장하고 나서부터예요. 천재 앵무새라고 알려진 알렉스는 100여개 정도의 단어를 외우고 구사할 수 있었고, 50개의 사물을 식별했으며, 1부터 8까지 수를 세는 것이 가능했다고 해요. 알렉스는 2007년 9월에 31살의 나이로 세상을 떠났는데, 매일 밤 페퍼버그 박사와 주고받던 인사말인 "You be good. See you tomorrow. I love you."라는 말을 유언으로 남겼어요.

고난도

1 윗글에서 주어진 글 다음에 이어질 글의 순서로 가장 적절한 것은?

① (A) – (C) – (B)　　　　② (B) – (A) – (C)

③ (B) – (C) – (A)　　　　④ (C) – (A) – (B)

⑤ (C) – (B) – (A)

2 윗글에서 새가 주인에게 돌아갈 수 있었던 이유로 가장 알맞은 것은?

① 부러진 날개가 다 나았기 때문에

② 새가 주인의 주소를 알고 있었기 때문에

③ John이 새를 잘 보살펴 주었기 때문에

④ 주인이 새에게 전화번호를 가르쳤기 때문에

⑤ John과 새의 주인이 서로 아는 사이였기 때문에

3 다음 의미에 해당하는 단어를 윗글에서 찾아 쓰시오.

> wanting to know about something

---

parrot 앵무새　**broken** 부러진　**wing** 날개　**look at** ~을 보다　**chirp** 짹짹거리다　**same** 똑같은　**phone number** 전화번호　**call** 전화하다　**be curious about** ~에 대해 궁금해하다　**curious** 궁금한　**take** 데리고 가다(과거형 took)　**answer** (전화를) 받다; 대답하다　**teach** 가르치다(과거형 taught)　**pick up** (차로) 데리러 가다　**thank A for B** A에게 B에 대해 감사하다

9행 But he never heard parrots say numbers.: 하지만 그는 앵무새가 숫자를 말하는 것을 들어본 적이 없었다.
(지각동사 + 목적어 + 동사원형)

13행 I taught my phone number to him.: 나는 그에게 내 전화번호를 가르쳤다. (teach A to B: A를 B에게 가르치다)

GRAMMAR

● 정답 p.41

01 지각동사의 의미

I **saw** Dave play soccer.

나는 Dave가 축구하는 것을 보았다.

❗ 보고(see, watch), 듣고(hear), 느끼고(feel), 냄새를 맡는(smell) 감각을 나타내는 동사를 지각동사라고 한다.

02 지각동사 + 목적어 + 동사원형

I **heard the baby cry**.

나는 그 아기가 우는 것을 들었다.

❗ 「지각동사 + 목적어 + 동사원형」은 '～가 …하는 것을 보다/듣다/느끼다' 등을 의미한다.

❗ 진행 중인 동작을 강조할 때는 「지각동사 + 목적어 + 현재분사(동사원형-ing)」로 쓸 수 있다.

1 다음 문장의 괄호 안에서 알맞은 것을 고르시오.

(1) I watched ducklings (swim / to swim) in a pond.

(2) We can see people (talked / talk) and search on platforms.

(3) He never heard parrots (say / said) numbers.

2 다음 우리말에 맞게 주어진 단어나 어구를 바르게 배열하시오.

(1) 우리는 누군가가 문을 두드리는 것을 들었다.

➡ We ________________________________ on the door.
(heard / knock / someone)

(2) 나는 Josh가 그의 친구와 이야기하고 있는 것을 보았다.

➡ I ________________________________ with his friend.
(talking / saw / Josh)

(3) 그 사람들은 그 건물이 흔들리는 것을 느꼈다.

➡ The people ________________________________.
(the building / felt / shake)

Unit 11

GRAMMAR

- 간접의문문 ▶ I know who she is.
- 의문사가 주어인 간접의문문 ▶ I don't know what happened.

WORDS

● 정답 p.42

Tales
31 병아리와 트럭 이야기

- ☐ **weather** 날씨
- ☐ **hatch** (알이) 부화하다
- ☐ **chick** 병아리
- ☐ **climb** 기어오르다
- ☐ **road** 도로, 길
- ☐ **take place** 발생하다, 일어나다

1. Monkeys ___________ trees fast.
2. Chicken eggs ___________ in 21 days.

Space
32 인류의 새로운 보물섬, 달

- ☐ **metal** 금속
- ☐ **treasure** 보물
- ☐ **own** 소유하다
- ☐ **explore** 탐험하다
- ☐ **precious** 귀중한
- ☐ **advantage** 이점, 유리한 점

1. I want to ___________ the jungle.
2. The spoon and the fork are ___________.

Animals
33 지진을 감지하는 동물들

- ☐ **act** 행동하다
- ☐ **ground** 땅
- ☐ **earthquake** 지진
- ☐ **bark** (개가) 짖다
- ☐ **shake** 흔들리다
- ☐ **figure out** 알아내다
- ☐ **open up** (틈이) 벌어지다
- ☐ **fall over** 넘어지다, 쓰러지다
- ☐ **strangely** 이상하게

1. Let's ___________ the answer.
2. Dogs ___________ when they are scared.

● 정답 p.42

31

Tales

67 words
Lexile **360L**
★★★☆☆

In China, <u>an interesting thing</u> took place on a truck. The truck was driving on a road. It had a lot of eggs in the back. The weather was very hot. So the eggs started to hatch. ³ Soon, there were little chicks all over the truck. Some chicks even climbed out of the truck. However, the driver did not know **what was happening**. He just kept driving.

1 윗글의 밑줄 친 <u>an interesting thing</u>을 가장 잘 나타낸 것은?

2 다음 의미에 해당하는 단어를 윗글에서 찾아 쓰시오.

> to come out of an egg

---

interesting 흥미로운, 재미있는 **take place** 발생하다, 일어나다(과거형 took place) **truck** 트럭 **road** 도로, 길
back 뒤, 뒤쪽 **weather** 날씨 **hatch** (알이) 부화하다 **little** 작은 **chick** 병아리 **all over** ~의 곳곳에
climb 기어오르다 **out of** ~밖으로 **happen** 발생하다, 일어나다 **just** 그냥

┄┄┄

4행 **However, the driver did not know what was happening.**: 하지만 그 운전수는 무슨 일이 일어나고 있는지 몰랐다.
(의문사가 간접의문문의 주어일 때: 의문사(=주어) + 동사)
4행 **He just kept driving.**: 그는 그냥 계속 운전했다. (keep + 동사원형-ing: 계속 ~하다)

32

Space

62 words
Lexile 400L
★★★★☆

Many countries are interested in the moon. Do you know why they care so much? Because the moon is a land of treasure. It has a lot of precious metals and rocks. Scientists even found water there! So some people imagine living there one day. However, no one owns the moon now. If anyone explores it first, they will get an advantage. ⁶

1 윗글의 주제로 가장 알맞은 것은?

① 인류의 달 탐험의 역사
② 달의 자원을 활용하는 방법
③ 달 탐사를 위해 경쟁하는 이유
④ 달에서 발견된 광물의 종류
⑤ 인간이 달에서 생존하는 기술

2 다음 빈칸에 공통으로 들어갈 단어를 윗글에서 찾아 쓰시오.

(1) I like Jenny. I ___________ about her.
(2) Ann takes ___________ of her babies well.

---

be interested in ～에 관심이 있다   **moon** 달   **care** 관심을 가지다; 돌봄   **land** 땅   **treasure** 보물   **precious** 귀중한   **metal** 금속   **rock** 암석, 바위   **find** 찾다(과거형 found)   **imagine** 상상하다   **own** 소유하다   **explore** 탐험하다   **first** 먼저   **advantage** 이점, 유리한 점

2행 **Do you know why they care so much?**: 당신은 그들이 왜 그렇게 관심을 많이 가지는지 아는가? (간접의문문: 의문사 + 주어 + 동사)

6행 **So some people imagine living there one day.**: 그래서 몇몇 사람들은 언젠가 그곳에 사는 것을 상상한다. (imagine + 동명사[동사원형-ing]: ～하는 것을 상상하다)

33

Animals

78 words
Lexile **490L**

★★★★☆

In 2009, many dogs in Italy started barking suddenly. Others ran up the hills. They looked scared. People couldn't figure out **why the dogs were acting** unusually. A few hours later, everything started to shake. The ground was shaking. Houses and buildings began to fall over. An earthquake was happening! Soon, the ground opened up. More buildings fell down. Today, people understand **why the dogs acted** so strangely. Humans don't know **when earthquakes will happen**, but animals do.

이탈리아의 라퀼라 지진 (L'Aquila Earthquake in Italy)

이탈리아(Italy)는 오래 전부터 불안정한 지각(earth's crush)으로 인해 유럽의 다른 나라들에 비해 지진이 자주 발생해 왔는데, 그 중 중부의 소도시들에 피해가 집중되었어요. 2009년 4월 새벽에 일어난 라퀼라 지진은 진도(magnitude) 6.3의 대지진으로, 이 지진으로 인해 사망자 약 3백 명, 이재민 7만 명이 발생했으며, 로마네스크, 르네상스, 바로크 양식 등의 중세 유적지(historical sites)의 대부분이 붕괴되거나 파손되었어요. 하지만 이탈리아 정부는 고대 유적을 보존한다는 이유로 지진을 견딜 수 있도록 건축물을 설계하는 내진 설계를 소극적으로 시행했고, 2016년에 라퀼라 지진과 비슷한 규모의 강한 지진이 덮쳤을 때 또다시 수많은 인명 피해를 입는 안타까운 일이 반복되었어요.

고난도

1 윗글을 다음과 같이 요약할 때 빈칸에 알맞은 말이 바르게 짝지어진 것은?

> Animals ___________ the earthquake ___________ humans do.

① feel – before ② see – after ③ watch – when
④ know – after ⑤ forget – before

2 윗글에서 지진이 발생하기 전에 개들이 했던 행동 2가지를 우리말로 쓰시오.

____

3 다음 빈칸에 알맞은 말을 윗글에서 찾아쓰시오. (단, 2단어로 쓸 것)

> They will find an answer to the problem.
> = They will _______________ an answer to the problem.

bark (개가) 짖다 **suddenly** 갑자기 **hill** 언덕 **scared** 겁먹은 **figure out** 알아내다 **act** 행동하다
unusually 평소와 달리, 특이하게 **a few hours later** 몇 시간 후에 **shake** 흔들리다 **ground** 땅 **fall over**
넘어지다, 쓰러지다 **earthquake** 지진 **open up** (틈이) 벌어지다 **strangely** 이상하게 **human** 인간

8행 **Humans don't know when earthquakes will happen**: 인간들은 언제 지진이 일어날지 모른다 (간접의문문:
의문사 + 주어 + 동사)

9행 **but animals do**: 하지만 동물들은 안다 (do: know when earthquakes will happen을 대신하는 대동사)

GRAMMAR

01 간접의문문

I know who she is.

나는 그녀가 누구인지 안다.

❶ 의문문이 다른 문장의 일부로 쓰이는 것을 '간접의문문'이라고 한다.

❶ 간접의문문은 「의문사 + 주어 + 동사」로 쓴다.

02 의문사가 주어인 간접의문문

I don't know what happened.

나는 무슨 일이 일어났는지 모른다.

❶ 의문사가 간접의문문의 주어일 때는 「의문사(=주어) + 동사」로 쓴다.

---

1 다음 문장의 괄호 안에서 알맞은 것을 고르시오.

(1) Do you know (why they care / why do they care) so much?

(2) Humans don't know when (earthquakes will happen / will earthquakes happen).

2 다음 우리말에 맞게 주어진 단어나 어구를 바르게 배열하시오.

(1) 우리는 그녀의 이름이 무엇인지 알고 있다.

➡ We know ______________________________.

(is / what / her name)

(2) 당신이 어디에서 사는지 우리에게 말해 주세요.

➡ Please tell us ______________________________.

(live / you / where)

(3) 나는 누가 파티에 올 수 있는지 모른다.

➡ I don't know ______________________________.

(can come / to the party / who)

PREVIEW

단어 듣기 MP3

GRAMMAR

- 시간을 나타내는 접속사 until ▶ I will wait **until** you come back.
- 시간을 나타내는 접속사 while ▶ I had a dream **while** I was sleeping.

WORDS

● 정답 p.46

Inventions

34 잠을 깨워 주는 마법의 침대

☐ **rush** 서두르다, 급히 가다   ☐ **solve** 해결하다; 풀다   ☐ **get up** 일어나다
☐ **shake** 흔들리다   ☐ **wake up** (잠에서) 깨다   ☐ **inventor** 발명가

1. Buildings ____________ in an earthquake.
2. Can you ____________ this math problem?

People

35 Van Gogh와 Theo: 어려움을 이긴 형제애

☐ **poor** 가난한; 불쌍한   ☐ **grave** 무덤   ☐ **alive** 살아 있는
☐ **support** 부양하다   ☐ **earn** (돈을) 벌다   ☐ **make a living** 생계를 꾸리다

1. He works hard to ____________ his family.
2. I have no job. I can't ____________ money.

Education

36 동영상으로 볼까, 책으로 읽을까?

☐ **image** 이미지; 그림   ☐ **mind** 마음   ☐ **work** 작동하다
☐ **remember** 기억하다   ☐ **unique** 독특한; 유일한   ☐ **differently** 다르게
☐ **experience** 경험   ☐ **imagination** 상상력   ☐ **each** 각각의

1. His picture is different from others. It's ____________.
2. I've taught a lot. I have a lot of ____________ in teaching.

34

Inventions

66 words
Lexile 520L
★★★★☆

Do you get up easily in the morning? It may not be easy. Sometimes you may wake up late and rush to school. Thankfully, an inventor solved this problem. He made an amazing bed called the Bed Shaker. It helps you wake up easily. When it is time to get up, the bed starts to shake. The bed keeps shaking **until** you

_______________.

1 윗글의 빈칸에 들어갈 말로 가장 알맞은 것은?

① go to bed
② go to school
③ make the bed
④ get out of bed
⑤ come back home

2 다음 의미에 해당하는 단어를 윗글에서 찾아 쓰시오. (단, 동사원형으로 쓸 것)

> to move quickly from side to side or up and down

---

get up (잠자리에서) 일어나다 **easily** 쉽게 **easy** 쉬운 **wake up** (잠에서) 깨다 **late** 늦게 **rush** 서두르다, 급히 가다 **thankfully** 다행히도 **inventor** 발명가 **solve** 해결하다; 풀다 **called** ~라고 불리는 **shake** 흔들리다 **until** ~할 때까지 〔문〕 **make the bed** 잠자리를 정리하다 **from side to side** 좌우로 **up and down** 위아래로

(4행) **an amazing bed called the Bed Shaker**: Bed Shaker라고 불리는 놀라운 침대 (called the Bed Shaker가 앞에 있는 an amazing bed를 수식함.)

(4행) **It helps you wake up** easily.: 그것은 당신이 쉽게 일어나는 것을 돕는다. (help + 목적어 + 동사원형: ~가 …하는 것을 돕다)

35

People

69 words
Lexile **500L**

★★★★☆

Vincent van Gogh*is a famous painter today. But he did not earn any money **while** he was alive. Then how did he make a living? His younger brother Theo supported him. He loved poor Vincent. Theo sent him money for his entire life. Theo died six months after Vincent died. Even after they died, they are still close to each other. Theo's grave is right beside his brother's.

*****Vincent van Gogh** 빈센트 반 고흐
(1853~1890, 네덜란드의 화가)

1 윗글의 제목으로 가장 알맞은 것은?

① Van Gogh의 유명한 작품들
② Van Gogh와 그의 가족들
③ Van Gogh의 재능과 노력
④ Van Gogh의 예술가로서의 삶
⑤ Van Gogh에 대한 동생의 헌신적인 사랑

2 다음 의미에 해당하는 단어를 윗글에서 찾아 쓰시오.

> to get money for doing work

---

famous 유명한　**painter** 화가　**earn** (돈을) 벌다　**alive** 살아 있는　**make a living** 생계를 꾸리다　**younger brother** 남동생　**support** 부양하다　**poor** 가난한; 불쌍한　**send** 보내다(과거형 sent)　**one's entire life** ~의 평생　**entire** 전체의, 온　**die** 죽다　**close** 가까운　**each other** 서로　**grave** 무덤　**beside** ~옆에　문**get** 받다

2행 **while** he was alive: 그가 살아 있는 동안 (while + 주어 + 동사: ~하는 동안)
4행 Theo **sent him money**: Theo는 그에게 돈을 보냈다 (send A B: A에게 B를 보내다)

36

Education

95 words
Lexile 530L

★★★★★

When we watch a video, we understand it fast. Do you know why? Because we see and hear things at the same time. This helps us understand it easily. If people watch the same video, they will remember the same things. When we read a book, however, our brains work differently. While we read words, we make images in our minds. These images are different for each person. What will happen when people read the same book? They may think of different things. Books let us use our imagination. This makes everyone's reading experience unique.

Did You Know?

이중 부호화 이론 (Dual Coding Theory)

　심리학자 앨런 파이비오(Allan Paivio)의 이론에 따르면, 사람의 뇌는 '언어'와 '시각'이라는 두 가지 채널로 정보를 처리하고 서로를 연관 지어 기억한다고 해요. 이러한 정보의 상호작용은 우리의 기억력과 학습력에 매우 중요한 역할을 하죠. 우리가 '사과(apple)'라는 단어를 처음 배울 때, 듣거나 읽으며 익히기도 하고 이미지를 시각화하여 기억하기도 하는데, 이때의 시각 정보를 심상(imagery)이라고 불러요. 뇌에 저장된 언어 정보는 시각 정보를 회상시킬 수 있고, 거꾸로 시각 정보가 언어 정보를 불러일으킬 수도 있어요. 흥미로운 것은 각자가 가지고 있는 시각 정보 경험에 따라 우리가 똑같이 '사과(apple)' 라는 단어를 보더라도 누군가에겐 '빨간 사과'가 떠오르고, 또 누군가에겐 '푸른 사과'가 떠오르는 등 심상이 달라질 수 있다는 점이에요.

고난도

1 윗글의 주제로 가장 알맞은 것은?

① 동영상이 책보다 인기 있는 이유

② 책과 동영상의 비슷한 점과 다른 점

③ 동영상 시청의 중독성과 위험성

④ 책과 동영상이 학습에 미치는 영향

⑤ 책과 동영상을 볼 때의 뇌의 반응

2 윗글로 보아 동영상을 볼 때와 달리 책을 읽을 때 일어나는 일로 알맞은 것은?

① We start imagining.

② We forget things quickly.

③ We feel very comfortable.

④ We remember more images.

⑤ We understand things easily.

3 다음 빈칸에 알맞은 단어를 윗글에서 찾아 쓰시오.

> This toy is ___________. It's the only one in the world.

---

understand 이해하다　at the same time 동시에　same 똑같은　remember 기억하다　however 하지만 work 작동하다　differently 다르게　mind 마음　image 이미지; 그림　each 각각의　imagination 상상력 experience 경험　unique 독특한; 유일한　문 forget 잊다　comfortable 편안한　more 더 많은(many의 비교급)　only 유일한

6행 While we read words: 우리가 단어들을 읽는 동안 (while + 주어 + 동사: ~하는 동안)

9행 Books let us use our imagination.: 책은 우리가 상상력을 사용하도록 한다. (let + 목적어 + 동사원형: ~하도록 하다)

GRAMMAR

01 시간을 나타내는 접속사 until

I will wait until you come back.

나는 네가 돌아올 **때까지** 기다릴 것이다.

❶ until은 '~할 때까지'를 의미하는 접속사로, 「until + 주어 + 동사」로 쓴다.

❶ 시간을 나타내는 부사절은 미래의 의미를 나타내더라도 현재 시제를 쓴다. (until you will come back X)

02 시간을 나타내는 접속사 while

I had a dream while I was sleeping.

나는 잠을 자고 있는 **동안** 꿈을 꾸었다.

❶ while은 '~하는 동안'을 의미하는 접속사로, 「while + 주어 + 동사」로 쓴다.

---

1 다음 문장의 밑줄 친 부분을 우리말로 해석하시오.

(1) <u>While we read words</u>, we make images in our minds.

____

(2) The bed keeps shaking <u>until you get out of bed</u>.

____

2 다음 우리말에 맞게 주어진 단어나 어구를 바르게 배열하시오.

(1) 그는 운전을 하는 동안 음악을 듣는다.

➡ He listens to music ________________________.

(drives / while / he)

(2) 비가 그칠 때까지 기다리자.

➡ Let's wait ________________________.

(the rain / stops / until)

(3) 내가 피아노를 치는 동안 내 여동생은 노래를 부른다.

➡ My sister sings ________________________.

(play the piano / I / while)

@uzzeny

Photo by @uzzeny

Workbook

지문별 어휘 문제 및
전 문장 해석하기

Level 2

PARIS-LONDON
PARIS-LONDON
COMET4
FLIGHT

01 엄마 입이 보금자리

Word Review

날짜 __________ Score ______ /12
이름 __________ 확인 __________

다음 단어나 표현의 의미를 쓰고, 세 번씩 쓰시오.

1 lay

2 come out of

3 be full of

4 turn into

5 care for

6 keep

7 way

8 protect

9 rest

10 mouth

11 free

12 unusual

Sentence Review

날짜 ___________　Score ________ /7
이름 ___________　확인 ___________

다음 문장을 나누어진 의미 단위에 따라 해석하시오.

1 Cichlids are small fish / from Africa. /

2 When the mother fish lays eggs, / she cares for them / in an unusual way. /

3 She keeps them / in her mouth! /

4 In this way, / she can protect her eggs. /

Key Grammar!
5 Her mouth is full of eggs, / so she cannot eat anything. /

6 After 30 days, / the eggs turn into baby fish / and come out of her mouth. /

7 Then, / the mother is free. / She can eat food and rest. /

Word Review

날짜 __________   Score ______ / 12
이름 __________   확인 __________

다음 단어나 표현의 의미를 쓰고, 세 번씩 쓰시오.

1 close

2 response

3 meet

4 busy

5 secret

6 whisper

7 begin

8 quietly

9 important

10 recently

11 shocking

12 cafe

Sentence Review

날짜 __________　Score _______ /9
이름 __________　확인 __________

다음 문장을 나누어진 의미 단위에 따라 해석하시오.

1 Jane had a big secret. /

2 She didn't tell her secret / to her sister or brother. /

3 But then one day / she met Maria, / her close friend. /

4 As they sat / in a busy cafe, / Jane whispered quietly / to Maria. /

Key Grammar!
5 "I want to say something important / to you, / but please don't tell this / to anyone. /

6 Recently, / I met a boy / and began to really like him. /

7 His name is Peter Parker." /

8 Then Maria's response was shocking. /

9 "Oh, my! / Peter is MY boyfriend!" /

Word Review

날짜 __________ Score ________ / 12
이름 __________ 확인 __________

다음 단어나 표현의 의미를 쓰고, 세 번씩 쓰시오.

1 company

2 own

3 human

4 lead

5 together

6 college

7 technology

8 teach

9 think of

10 named

11 called

12 program

Sentence Review

▌날짜 __________　▌Score ______ / 10
▌이름 __________　▌확인 __________

● 다음 문장을 나누어진 의미 단위에 따라 해석하시오.

1 There was a smart boy / named Sam Altman. /

2 Sam enjoyed thinking of new things / with his dad. /

3 His dad loved computers / and taught Sam to program. /

4 Sam was only 8 years old / then. /

5 When he was in college, / he started his own company. /

6 There, / he met Elon Musk. /

Key Grammar!
7 Together, / they made **something big** / called OpenAI / in 2015. /

8 Sam wanted computers to think / like humans. /

9 Now, / Sam is very important / in the world of technology. /

10 He leads ChatGPT. /

Word Review

날짜 __________ Score __________ / 12
이름 __________ 확인 __________

다음 단어나 표현의 의미를 쓰고, 세 번씩 쓰시오.

1 chameleon

2 truly

3 plant

4 hide

5 survive

6 change

7 shape

8 imitate

9 skill

10 act like

11 around

12 come from

Sentence Review

날짜 __________   Score ______ /8
이름 __________   확인 __________

다음 문장을 나누어진 의미 단위에 따라 해석하시오.

1 There is a very interesting plant. /

2 This plant can imitate / things around it. /

Key Grammar!
3 It changes its color / to look like other plants. /

Key Grammar!
4 It also changes its leaf shape / to hide from animals. /

5 The name of this amazing plant / is *Boquila*. /

6 It comes / from Argentina and Chile. /

7 Its skills help it survive. /

8 Truly, / it is a plant chameleon /

Word Review

날짜 ____________　　Score ______ / 12
이름 ____________　　확인 ____________

다음 단어나 표현의 의미를 쓰고, 세 번씩 쓰시오.

1 work

2 a week

3 glad

4 allowance

5 idea

6 parents

7 get

8 mind

9 amazingly

10 decide

11 come up with

12 raise

Sentence Review

날짜 __________   Score ______ / 10
이름 __________   확인 __________

다음 문장을 나누어진 의미 단위에 따라 해석하시오.

1 Laura got ten dollars / a week / from her parents. /

2 But she needed more money. /

3 She wanted / to buy her favorite things. /

4 Laura asked her parents / for a bigger allowance. /

5 But they said no. /

Key Grammar!
6 Laura came up with an idea / to change their minds. /

7 She washed their cars / every morning. / She also did the dishes. /

8 Amazingly, / this plan worked! /

9 Her parents decided / to raise her allowance. /

Key Grammar!
10 Now / she is glad / to get fifteen dollars / a week. /

Word Review

■ 날짜 __________　■ Score _______ / 12
■ 이름 __________　■ 확인 __________

다음 단어나 표현의 의미를 쓰고, 세 번씩 쓰시오.

1 build

2 not ~ at all

3 in short

4 superhero

5 part

6 visit

7 change

8 simple

9 rule

10 in the past

11 fixed

12 in addition

Sentence Review

날짜 __________   Score __________ / 10
이름 __________   확인 __________

다음 문장을 나누어진 의미 단위에 따라 해석하시오.

1 Computer games are changing / every day. /

2 In the past, / computer games were simple. /

3 They had fixed rules or stories. / You could not change them / at all. /

4 Today, / things are different. /

5 Players can change different parts / of the games. /

Key Grammar!
6 They can change the rules / to make them more fun. /

7 In Roblox, / for example, / you can become a superhero / or anyone you like. /

8 In addition, / in Minecraft, / you can build big cities. /

9 You can also visit new worlds. /

10 In short, / games today / let you be anyone / and go anywhere. /

Word Review

날짜 __________   Score _______ /12
이름 __________   확인 __________

다음 단어나 표현의 의미를 쓰고, 세 번씩 쓰시오.

1 activity

2 invite

3 fall asleep

4 clothes

5 movie

6 fight

7 pillow

8 way

9 scary

10 lie

11 spend

12 sleep over

Sentence Review

| 날짜 __________ | Score _______ /8 |
| 이름 __________ | 확인 __________ |

● 다음 문장을 나누어진 의미 단위에 따라 해석하시오.

1 Sarah loves having slumber parties. /

2 She often invites her friends / to sleep over / at her house. /

Key Grammar!
3 This is a good way / to spend time / with her friends. /

4 They do a lot of fun things. /

5 They fight / with their pillows. /

6 They sing songs / and watch scary movies. /

7 They also eat delicious ice cream / and tell funny stories. /

8 After all these activities, / they lie in bed / and fall asleep. /

Word Review

날짜 __________　　Score ______ / 12
이름 __________　　확인 __________

다음 단어나 표현의 의미를 쓰고, 세 번씩 쓰시오.

1 natural

2 work

3 energy

4 quick

5 break down

6 plenty of

7 give

8 sugar

9 muscle

10 match

11 digest

12 mineral

Sentence Review

날짜 __________　Score _______ / 9
이름 __________　확인 __________

다음 문장을 나누어진 의미 단위에 따라 해석하시오.

1 Tennis players like / to eat bananas / when they play matches. /

2 Why do they do so? /

3 Bananas have a lot of natural sugars. /

4 These sugars give them quick energy. /

5 Bananas also have plenty of minerals. /

6 These minerals help muscles work better. /

7 Bananas are easy to digest, / too. /

8 How cool! /

Key Grammar!
9 They are the best snack / **to give** quick energy. /

Word Review

날짜 __________　Score __________ / 12
이름 __________　확인 __________

다음 단어나 표현의 의미를 쓰고, 세 번씩 쓰시오.

1 avoid

2 forward

3 trick

4 the other side

5 push

6 backward

7 surprise

8 roll

9 pretend

10 step on

11 be full of

12 between

Sentence Review

▌날짜 __________　▌Score __________ / 10
▌이름 __________　▌확인 __________

● 다음 문장을 나누어진 의미 단위에 따라 해석하시오.

1 In soccer, / players do cool tricks. /

2 Some players kick the ball / between another player's legs. /

3 Then, / they get the ball again / on the other side of the player. /

(Key Grammar!)
4 This is a smart way / to avoid a defender. /

5 Neymar and Eden Hazard do it / often. / Other players use a different trick. /

6 They step on the ball / and pretend to push it back. /

7 Then, / they quickly roll it forward. / It surprises other players. /

8 Do you know why? / Those players think / the ball will go backward. /

9 Messi and Ronaldo use this trick / often. / They change the game / with it. /

10 Soccer is full of fun surprises. / These tricks make the game exciting. /

Word Review

날짜 __________   Score __________ / 12
이름 __________   확인 __________

다음 단어나 표현의 의미를 쓰고, 세 번씩 쓰시오.

1 event

2 blessing

3 candle

4 during

5 god

6 bathe

7 heart

8 put

9 clean

10 pray

11 river

12 by

Sentence Review

날짜 ____________　　Score ______ /8
이름 ____________　　확인 ____________

다음 문장을 나누어진 의미 단위에 따라 해석하시오.

1 People in India / love the Ganges River. /

2 They think / it is like a mother. /

3 They bathe in it / during special events. /

4 Some people do this / every day. /

5 They believe / it cleans their hearts. /

6 People also put candles / by the river. /

7 Then they pray to their gods. /

Key Grammar!
8 They do this / **because** they want their gods' blessings. /

Word Review

▌날짜 __________ ▌Score ______ /12
▌이름 __________ ▌확인 __________

다음 단어나 표현의 의미를 쓰고, 세 번씩 쓰시오.

1 fake

2 lie

3 technology

4 bad side

5 helpful

6 voice

7 trouble

8 video

9 online

10 in the right way

11 useful

12 cause

Sentence Review

날짜 ___________   Score _______ /10
이름 ___________   확인 ___________

다음 문장을 나누어진 의미 단위에 따라 해석하시오.

1 AI is a useful technology. /

2 It can do many good things. /

3 But it also has some bad sides. /

4 For example, / AI can lie. /

5 It can change faces and voices / in videos. /

6 This is not a problem / in movies. /

7 But it can tell fake stories / to people / online. /

8 This can be a big problem. /

Key Grammar!
9 If someone shares a fake video, / it can cause trouble. /

10 AI is very helpful. / But we should use it / in the right way. /

Word Review

| 날짜 __________ | Score _______ /12 |
| 이름 __________ | 확인 __________ |

다음 단어나 표현의 의미를 쓰고, 세 번씩 쓰시오.

1 colorful

2 dead

3 several times

4 find

5 sad

6 hit

7 floor

8 enter

9 broken

10 paint

11 decide

12 next to

Sentence Review

🔶 다음 문장을 나누어진 의미 단위에 따라 해석하시오.

1 When Betty entered her bedroom, / she found / that the window was broken. /

2 And there was a dead bird / on the floor. /

3 "Poor bird!" / Betty felt very sad. /

4 This had happened / several times before. /

5 Her bedroom window is / next to a tree. /

Key Grammar!
6 Birds often flew / into the window / **because** they couldn't see it. /

7 Then Betty had a good idea. / She decided / to paint pictures / on the window. /

8 She painted big colorful flowers / on it. /

9 Now, / birds don't hit the window. /

10 Because of the colorful pictures, / the birds can see the window. /

Word Review

날짜 __________　　Score ______ / 12
이름 __________　　확인 __________

다음 단어나 표현의 의미를 쓰고, 세 번씩 쓰시오.

1 chimpanzee

2 die

3 understand

4 still

5 sad

6 touch

7 carry

8 surprisingly

9 care

10 feeling

11 kiss

12 later

Sentence Review

날짜 __________　　Score ______ /8
이름 __________　　확인 __________

다음 문장을 나누어진 의미 단위에 따라 해석하시오.

1 In a zoo / in Spain, / there is a mother chimpanzee. /

2 Her name is Natalia. /

3 She had a baby, / but the baby died / two weeks later. /

4 Surprisingly, / Natalia still shows it love and care. /

5 She carries her baby / everywhere. /

6 She also touches and kisses it. /

7 People at the zoo / understand her feelings. /

Key Grammar!
8 They feel **as sad** / **as** Natalia. /

Word Review

다음 단어나 표현의 의미를 쓰고, 세 번씩 쓰시오.

1 than

2 more

3 equally

4 beautiful

5 lovely

6 color

7 right

8 yellow

9 in the same way

10 child

11 difference

12 white

Sentence Review

날짜 ____________　Score ______ /7
이름 ____________　확인 ____________

다음 문장을 나누어진 의미 단위에 따라 해석하시오.

Key Grammar!
1 A white flower says / to a yellow flower, / "I am more beautiful / than you." /

2 Is the white flower right? / No. /

Key Grammar!
3 A yellow flower is as beautiful / as a white flower. /

4 The color doesn't make a difference. /

5 Flowers of all colors / are equally beautiful. /

6 In the same way, / people of all colors / are equally beautiful. /

7 They are all lovely children / of Mother Nature. /

Word Review

날짜 __________   Score _______ /12
이름 __________   확인 __________

다음 단어나 표현의 의미를 쓰고, 세 번씩 쓰시오.

1 air

2 appear

3 planet

4 stove

5 oxygen

6 life

7 tiny

8 human

9 Earth

10 empty

11 comfortable

12 show up

Sentence Review

날짜 __________ Score __________ / 10
이름 __________ 확인 __________

다음 문장을 나누어진 의미 단위에 따라 해석하시오.

1 Long ago, / Earth was empty. / There was no oxygen. /

Key Grammar!
2 And it was as hot / as a stove. / No life could live / on it. /

3 Then, / something special happened. /

4 Tiny bacteria appeared / and changed the Earth completely. /

5 The bacteria made oxygen / by using sunlight. /

6 As a result, / the Earth became a good place / to live. / Plants and animals started / to show up. /

7 Mars is like the young Earth / in some ways. / It has no air / and no life. /

8 If we send bacteria to Mars, / they may change the planet. /

Key Grammar!
9 If that happens, / Mars will be as comfortable / as the Earth. /

10 It will become a new home / for humans. /

16 축구 선수 등번호의 숨겨진 의미

Word Review

날짜 __________ Score __________ / 12
이름 __________ 확인 __________

● 다음 단어나 표현의 의미를 쓰고, 세 번씩 쓰시오.

1 team

2 special

3 best

4 score

5 uniform

6 sport

7 number

8 skill

9 record

10 goalkeeper

11 wear

12 position

Sentence Review

날짜 __________   Score ______ /9
이름 __________   확인 __________

다음 문장을 나누어진 의미 단위에 따라 해석하시오.

1 In sports, / players wear numbers / on their uniforms. /

Key Grammar!
2 Their teams give them numbers. /

3 The numbers show the players' positions. /

4 For example, / goalkeepers wear number 1. /

5 Defenders wear numbers 2 to 6. /

6 What about forwards? /

7 They wear numbers 7 to 11. /

8 The number 10 is special. /

9 The best players / such as Messi and Neymar / wear that number. /

Word Review

날짜 __________ Score ________ / 12
이름 __________ 확인 __________

● 다음 단어나 표현의 의미를 쓰고, 세 번씩 쓰시오.

1 kind

2 subway

3 seat

4 stand up

5 guide

6 passenger

7 smile

8 warmly

9 blind

10 get on

11 look for

12 be crowded with

17 저기, 자리 좀 양보해 주세요!

Sentence Review

▌ 날짜 __________ ▌ Score ______ /7
▌ 이름 __________ ▌ 확인 ______

━━ 다음 문장을 나누어진 의미 단위에 따라 해석하시오.

1 A blind man and his dog / got on a subway. /

2 The subway was crowded / with passengers. /

3 The dog looked for a seat / for the blind man. /

4 The dog went to a young man / and looked at him, / but he didn't stand up. /

5 The dog moved to a little girl / and looked at her. /

6 The girl saw the blind man and the dog / and smiled / warmly. /

Key Grammar!
7 She gave the man her seat. /

18 폭탄을 탐지하는 꿀벌들

Word Review

날짜 __________ Score __________ / 12
이름 __________ 확인 __________

다음 단어나 표현의 의미를 쓰고, 세 번씩 쓰시오.

1 tongue		
2 bomb		
3 be good at		
4 exercise		
5 helper		
6 strong		
7 keep		
8 stick out		
9 sense of smell		
10 train		
11 expect		
12 treat		

Sentence Review

날짜 __________ Score ______ / 10
이름 __________ 확인 __________

다음 문장을 나누어진 의미 단위에 따라 해석하시오.

1 Did you know / bees can find bombs? / It's true! /

2 Bees are very good at smelling. /

3 They use their strong sense of smell / to find bombs. /

4 How do people train the bees? /

Key Grammar!
5 They give the bees yummy food / when the bees smell a bomb. /

6 After doing this exercise / a few times, / the bees learn / they will get a treat / when they smell a bomb. /

7 When the bees smell a bomb, / they stick out their tongues / because they expect food. /

8 These special bees are called "sniffer bees." /

9 Isn't that cool? /

10 These little helpers can keep us safe! /

Word Review

날짜 __________   Score __________ / 12
이름 __________   확인 __________

다음 단어나 표현의 의미를 쓰고, 세 번씩 쓰시오.

1 Korean

2 enough

3 Earth

4 get hotter

5 grow

6 reason

7 warm

8 farmer

9 country

10 climate

11 possible

12 come from

Sentence Review

날짜 __________　Score __________ /9
이름 __________　확인 __________

다음 문장을 나누어진 의미 단위에 따라 해석하시오.

1 Mangoes and papayas are tropical fruits. /

2 They come from the hot countries / of Southeast Asia. /

3 But now / Korean farmers can grow them. /

4 How is this possible? /

5 Is Korea warm enough? / Yes, it is. /

6 And here is the reason. /

7 The Earth is getting hotter. /

Key Grammar!
8 This makes the Korean climate hotter, / too. /

9 Now, / some tropical fruits can grow well / in Korea. /

Word Review

날짜 __________   Score _______ / 12
이름 __________   확인 __________

다음 단어나 표현의 의미를 쓰고, 세 번씩 쓰시오.

1 come

2 God

3 grandpa

4 hear

5 know

6 loudly

7 next

8 pray

9 shout

10 sometimes

11 tooth

12 worry about

Sentence Review

▌ 날짜 __________   ▌ Score ______ /8
▌ 이름 __________   ▌ 확인 __________

다음 문장을 나누어진 의미 단위에 따라 해석하시오.

1 John loved chocolate. /

2 But his mom worried about his teeth. /

3 Sometimes / Grandpa gave him chocolate. /

Key Grammar!
4 John's mom didn't say anything / to make Grandpa happy. /

5 John's birthday was coming / soon. /

6 In his room, / John prayed loudly, / "God, / please give me chocolate / for my birthday!" /

7 His mom asked, / "Why are you shouting, / John? / God can hear well." /

8 John said, / "I know, / but Grandpa in the next room / can't hear very well." /

21 생태계의 순환

Word Review

▌날짜 __________   ▌Score ______ / 12
▌이름 __________   ▌확인 __________

다음 단어나 표현의 의미를 쓰고, 세 번씩 쓰시오.

1 forever

2 cycle

3 swallow

4 food chain

5 poop

6 ground

7 come along

8 be back

9 realize

10 go on

11 suddenly

12 toward

Sentence Review

날짜 __________ Score _______ / 10
이름 __________ 확인 __________

다음 문장을 나누어진 의미 단위에 따라 해석하시오.

1 A mouse is eating corn. / Suddenly / a hungry snake comes along. / Yum! /

2 The snake loves eating mice / and swallows him quickly. /

3 But the snake doesn't realize / that an eagle is watching him / from the sky. /

4 The eagle likes eating snakes. / She flies toward the snake / and eats him. /

5 The eagle poops / on the ground. /

Key Grammar!
6 The poop keeps the ground good and healthy. /

7 New corn grows / from the good soil. /

8 Now / we are back to the start of the food chain / with new corn. /

9 Soon, / another mouse will come along, / and then a snake, / and then an eagle. /

10 This cycle of life will go on / forever. /

Word Review

날짜 __________　　Score _______ / 12
이름 __________　　확인 __________

다음 단어나 표현의 의미를 쓰고, 세 번씩 쓰시오.

1 erase

2 ID photo

3 ready

4 popular

5 picture

6 quick

7 part

8 background

9 change

10 simple

11 look at

12 download

Sentence Review

날짜 __________   Score _______ /10
이름 __________   확인 __________

다음 문장을 나누어진 의미 단위에 따라 해석하시오.

1 Do you need a new ID photo? /

2 Just give / one of your pictures / to AI. /

3 AI will look at it / and make a nice ID photo / for you / quickly. /

4 AI can change your clothes. /

Key Grammar!
5 It can also make you smile. /

6 You may not like / some parts of the background. /

7 AI can change or even erase them, / too. /

8 Now your photo is ready! /

9 Just download it. /

10 It is quick and simple. /

Word Review

날짜 __________ Score ______ /12
이름 __________ 확인 __________

다음 단어나 표현의 의미를 쓰고, 세 번씩 쓰시오.

1 bring

2 believe

3 start

4 god

5 win

6 luck

7 athlete

8 mean

9 funeral

10 death

11 sky

12 however

Sentence Review

▌날짜 __________　▌Score ______ /8
▌이름 __________　▌확인 __________

━ 다음 문장을 나누어진 의미 단위에 따라 해석하시오.

1 Long ago, / people believed / the blue sky was the home of the gods. /

Key Grammar!
2 So blue made them feel happy. /

3 In the West, / many people still think / that blue brings good luck. /

4 Some athletes wear blue / to win. /

5 In China, / however, / blue can mean a new start or death. /

6 So people sometimes wear blue / at funerals. /

7 Blue is a cool color. /

8 It can mean many things / around the world. /

24 새 친구를 사귀려면 눈을 맞추세요

Word Review

날짜 __________ Score __________ / 12

이름 __________ 확인 __________

다음 단어나 표현의 의미를 쓰고, 세 번씩 쓰시오.

1 friendly

2 make a friend

3 often

4 use

5 easily

6 uncomfortable

7 approach

8 eye contact

9 chance

10 around

11 be interested in

12 look back

Sentence Review

▌ 날짜 __________   ▌ Score _______ / 10
▌ 이름 __________   ▌ 확인 __________

다음 문장을 나누어진 의미 단위에 따라 해석하시오.

1 You are at a party. / There are many boys and girls / around you. /

2 This is a good chance / to make new friends. /

3 How do you start? / Use eye contact. /

4 If people look at you / often, / they may be interested in you. /

5 If you like them, / look back at them. /

6 But don't look at them / for too long. /

Key Grammar!
7 This can make them feel uncomfortable. /

8 Do you want / to make your eye contact more friendly? /

9 Then just smile / when you look at people. /

Key Grammar!
10 This will help them approach you / more easily. /

Word Review

날짜 __________   Score __________ / 12
이름 __________   확인 __________

다음 단어나 표현의 의미를 쓰고, 세 번씩 쓰시오.

1 answer

2 certain

3 map

4 whole

5 spot

6 with a smile

7 ask

8 world history

9 discover

10 gather

11 burst into laughter

12 point

Sentence Review

날짜 __________   Score __________ / 10
이름 __________   확인 __________

다음 문장을 나누어진 의미 단위에 따라 해석하시오.

1 It's world history class. /

2 The students gather / around a large map. /

Key Grammar!
3 The teacher asks the students / to find certain countries. /

4 He starts with Ella. /

5 "Where is America?" /

6 Ella points to a spot / on the map / and says, / "It's here." /

7 "Very good," / says the teacher / with a smile. /

8 Then he asks Jack, / "Who discovered America?" /

9 Jack answers, / "Ella did!" /

10 The whole class bursts into laughter. /

26 세계적인 회사 이름은 어떻게 지어졌을까?

Word Review

날짜 __________ Score _______ / 12

이름 __________ 확인 __________

다음 단어나 표현의 의미를 쓰고, 세 번씩 쓰시오.

1 company

2 team

3 birth

4 in the beginning

5 name

6 no one

7 idea

8 deadline

9 come up with

10 think of

11 by

12 o'clock

Sentence Review

▌날짜 __________   ▌Score ______ / 10
▌이름 __________   ▌확인 __________

● 다음 문장을 나누어진 의미 단위에 따라 해석하시오.

1 Steve Jobs started a computer company / in 1976. /

2 However, / it did not have a name / in the beginning. /

Key Grammar!
3 One day, / he asked his team / to think of a name / for it. /

4 He said, / "Find a name / by five o'clock. /

5 If you don't, / it'll be Apple." /

6 The team worked hard / to gather ideas. /

7 However, / no one came up with an idea / by the deadline. /

8 So Jobs named the company Apple. /

9 Why Apple? /

10 Apple was his favorite fruit. /

Word Review

날짜 __________　　Score ______ / 12
이름 __________　　확인 __________

다음 단어나 표현의 의미를 쓰고, 세 번씩 쓰시오.

1 accident

2 sensor

3 passenger

4 safe

5 driver

6 dangerous

7 convenient

8 relax

9 avoid

10 communicate with

11 in the future

12 traffic light

Sentence Review

날짜 __________　Score ______ / 10
이름 __________　확인 __________

다음 문장을 나누어진 의미 단위에 따라 해석하시오.

1 Cars in the future / will be very smart. /

2 They won't need a driver / because they will run themselves. /

Key Grammar!
3 People want their cars / to be safe. / Don't worry! /

4 These self-driving cars will not be dangerous. /

5 They will use cameras and sensors / while they drive. /

6 The cars will see the road / and communicate with one another. /

7 This will help them avoid accidents. / There will be no traffic lights / on the streets. /

8 But the cars will know / when to go and stop. /

9 Passengers can relax / in the cars. / They can watch videos or enjoy snacks. /

10 The cars will be like their living rooms. / How convenient! /

Word Review

날짜 __________   Score _______ / 12
이름 __________   확인 __________

다음 단어나 표현의 의미를 쓰고, 세 번씩 쓰시오.

1	care for			
2	come up to			
3	duckling			
4	England			
5	everywhere			
6	follow			
7	lonely			
8	not ~ anymore			
9	notice			
10	pond			
11	stay close			
12	without			

Sentence Review

| 날짜 __________ | Score _____ /9 |
| 이름 __________ | 확인 __________ |

다음 문장을 나누어진 의미 단위에 따라 해석하시오.

1 Daniel was an old, lonely dog / in England. /

Key Grammar!
2 He often **saw ducklings swim** in a pond. /

3 He noticed / they were without their mother. /

4 One day, / the ducklings came up to Daniel / and stayed close to him. /

5 Perhaps / they saw him as their father. /

6 From that day, / they followed him / everywhere. /

7 Daniel began / to care for them / like he was their father. /

8 Then / they were not lonely anymore. /

9 Daniel and the ducklings became a happy family. /

Word Review

날짜 __________   Score ________ / 12
이름 __________   확인 __________

다음 단어나 표현의 의미를 쓰고, 세 번씩 쓰시오.

1 search

2 share

3 wait

4 wood

5 later

6 flat

7 appear

8 website

9 mean

10 place

11 piece

12 important

Sentence Review

날짜 __________   Score ______ /8
이름 __________   확인 __________

다음 문장을 나누어진 의미 단위에 따라 해석하시오.

1 A long time ago, / a "platform" was just a flat piece of wood. /

2 Later, / trains appeared. /

3 Then / it became a place / for waiting. /

4 Today, / a platform means a website. /

Key Grammar!
5 We can see people talk and search / there. /

6 Google and YouTube are big platforms. /

7 We do many important things / there. /

8 We share ideas / and watch fun videos. /

Word Review

날짜 __________　　Score __________ / 12
이름 __________　　확인 __________

— 다음 단어나 표현의 의미를 쓰고, 세 번씩 쓰시오.

1	chirp			
2	call			
3	phone number			
4	parrot			
5	broken			
6	same			
7	take			
8	answer			
9	wing			
10	teach			
11	be curious about			
12	pick up			

Sentence Review

날짜 ___________　Score ______ / 10
이름 ___________　확인 ___________

다음 문장을 나누어진 의미 단위에 따라 해석하시오.

1 John was walking / down a street. / Then he saw a parrot / with a broken wing / under a tree. /

2 When he stopped and looked at it, / the bird chirped out some numbers. /

3 John was surprised. / He knew / that some parrots could say words. /

Key Grammar!
4 But he never heard parrots say numbers. /

5 He was curious about the numbers, / so he took the bird home. /

6 It kept saying the same numbers. / John thought, / "Maybe / it's a phone number." /

7 So he called the number / on his phone. /

8 A woman answered the phone / and said, / "The parrot is mine. /

9 I taught my phone number / to him." /

10 The next day, / the woman came to pick up her bird / and thanked John for his help. /

Word Review

날짜 __________ Score _______ / 12
이름 __________ 확인 __________

다음 단어나 표현의 의미를 쓰고, 세 번씩 쓰시오.

1 hatch

2 out of

3 all over

4 climb

5 weather

6 road

7 back

8 take place

9 happen

10 chick

11 little

12 interesting

Sentence Review

▮ 날짜 __________   ▮ Score _______ /9
▮ 이름 __________   ▮ 확인 __________

● 다음 문장을 나누어진 의미 단위에 따라 해석하시오.

1 In China, / an interesting thing took place / on a truck. /

2 The truck was driving / on a road. /

3 It had a lot of eggs / in the back. /

4 The weather was very hot. /

5 So the eggs started / to hatch. /

6 Soon, / there were little chicks / all over the truck. /

7 Some chicks even climbed / out of the truck. /

Key Grammar!
8 However, / the driver did not know / what was happening. /

9 He just kept driving. /

Word Review

날짜 ___________　　Score _______ / 12
이름 ___________　　확인 ___________

다음 단어나 표현의 의미를 쓰고, 세 번씩 쓰시오.

1 explore

2 find

3 advantage

4 rock

5 own

6 imagine

7 treasure

8 land

9 moon

10 metal

11 precious

12 be interested in

Sentence Review

날짜 __________　Score ______ /8
이름 __________　확인 __________

다음 문장을 나누어진 의미 단위에 따라 해석하시오.

1 Many countries are interested in the moon. /

Key Grammar!

2 Do you know / why they care so much? /

3 Because the moon is a land of treasure. /

4 It has a lot of precious metals and rocks. /

5 Scientists even found water / there! /

6 So some people imagine living there / one day. /

7 However, / no one owns the moon / now. /

8 If anyone explores it / first, / they will get an advantage. /

Word Review

● 다음 단어나 표현의 의미를 쓰고, 세 번씩 쓰시오.

1 shake

2 act

3 unusually

4 earthquake

5 human

6 strangely

7 hill

8 figure out

9 ground

10 fall over

11 open up

12 bark

Sentence Review

━━ 다음 문장을 나누어진 의미 단위에 따라 해석하시오.

1 In 2009, / many dogs in Italy / started barking / suddenly. /

2 Others ran / up the hills. /

3 They looked scared. /

Key Grammar!
4 People couldn't figure out / why the dogs were acting / unusually. /

5 A few hours later, / everything started / to shake. /

6 The ground was shaking. /

7 Houses and buildings began / to fall over. / An earthquake was happening! /

8 Soon, / the ground opened up. / More buildings fell down. /

Key Grammar!
9 Today, / people understand / why the dogs acted / so strangely. /

Key Grammar!
10 Humans don't know / when earthquakes will happen, / but animals do. /

34 잠을 깨워 주는 마법의 침대

Word Review

▌날짜 __________   ▌Score _______ / 12
▌이름 __________   ▌확인 __________

● 다음 단어나 표현의 의미를 쓰고, 세 번씩 쓰시오.

1 get up

2 called

3 wake up

4 thankfully

5 inventor

6 rush

7 make the bed

8 up and down

9 from side to side

10 easy

11 solve

12 shake

Sentence Review

날짜 __________   Score ______ /8
이름 __________   확인 __________

다음 문장을 나누어진 의미 단위에 따라 해석하시오.

1 Do you get up / easily / in the morning? /

2 It may not be easy. /

3 Sometimes / you may wake up / late / and rush to school. /

4 Thankfully, / an inventor solved this problem. /

5 He made an amazing bed / called the Bed Shaker. /

6 It helps you wake up / easily. /

7 When it is time / to get up, / the bed starts to shake. /

Key Grammar!
8 The bed keeps shaking / until you get out of bed. /

Word Review

날짜 __________   Score __________ / 12
이름 __________   확인 __________

다음 단어나 표현의 의미를 쓰고, 세 번씩 쓰시오.

1 earn

2 close

3 poor

4 grave

5 send

6 support

7 alive

8 make a living

9 each other

10 famous

11 die

12 painter

Sentence Review

날짜 ___________ Score _______ /9
이름 ___________ 확인 ___________

다음 문장을 나누어진 의미 단위에 따라 해석하시오.

1 Vincent van Gogh is a famous painter / today. /

Key Grammar!
2 But he did not earn any money / while he was alive. /

3 Then how did he make a living? /

4 His younger brother Theo / supported him. /

5 He loved poor Vincent. /

6 Theo sent him money / for his entire life. /

7 Theo died / six months after Vincent died. /

8 Even after they died, / they are still close / to each other. /

9 Theo's grave is / right beside his brother's. /

Word Review

날짜 __________ Score __________ / 12
이름 __________ 확인 __________

다음 단어나 표현의 의미를 쓰고, 세 번씩 쓰시오.

1 experience

2 image

3 remember

4 differently

5 unique

6 at the same time

7 each

8 understand

9 imagination

10 mind

11 work

12 however

Sentence Review

■ 날짜 __________   ■ Score ______ / 10
■ 이름 __________   ■ 확인 __________

다음 문장을 나누어진 의미 단위에 따라 해석하시오.

1 When we watch a video, / we understand it / fast. / Do you know why? /

2 Because we see and hear things / at the same time. /

3 This helps us understand it / easily. /

4 If people watch the same video, / they will remember the same things. /

5 When we read a book, / however, / our brains work / differently. /

Key Grammar!
6 **While** we read words, / we make images / in our minds. /

7 These images are different / for each person. /

8 What will happen / when people read the same book? /

9 They may think of different things. / Books let us / use our imagination. /

10 This makes everyone's reading experience / unique. /

맘앤톡 카페에 가입하고 초중고 자녀 정보를 확인해 보세요.

Mom&Talk

1 교재추천
2 전문가 TIP
3 초중고 교육정보
4 부모공감 인스타툰
5 경품 가득 이벤트

PARIS · LONDON
COMET4
PARIS · LONDON
FLIGHT
38
Photo by @triple_jj.327

정답 및 해설

책 속의 가접 별책 (특허 제 0557442호)
'정답 및 해설'은 본책에서 쉽게 분리할 수 있도록 제작되었으므로
유통 과정에서 분리될 수 있으나 파본이 아닌 정상제품입니다.

visang

pioNada

visang

피어나다를 하면서 아이가 공부의
필요를 인식하고 플랜도 바꿔가며
실천하는 모습을 보게 되어 만족합니다.
제가 직장 맘이라 정보가 부족했는데,
코치님을 통해 아이에 맞춘 피드백과
정보를 듣고 있어서 큰 도움이 됩니다.

– 조○관 회원 학부모님

공부 습관에도
진단과 처방이
필수입니다

초4부터 중등까지는 공부 습관이 피어날 최적의 시기입니다.

공부 마음을 망치는 공부를 하고 있나요?
성공 습관을 무시한 공부를 하고 있나요?
더 이상 이제 그만!

지금은 피어나다와 함께 사춘기 공부 그릇을 키워야 할 때입니다.

강점코칭 무료체험

바로 지금,
마음 성장 기반 학습 코칭 서비스, 피어나다®로
공부 생명력을 피어나게 해보세요.

상담
문의 1833-3124

www.pionada.com

공부 생명력이
pioNada

일주일 단 1시간으로 심리 상담부터 학습 코칭까지 한번에!

상위권 공부 전략 체화 시스템
공부 마인드 정착 및
자기주도적 공부 습관 완성

공부력 향상 심리 솔루션
마음 · 공부 · 성공 습관 형성을 통한
마음 근력 강화 프로그램

온택트 모둠 코칭
주 1회 모둠 코칭 수업 및
상담과 특강 제공

공인된 진단 검사
서울대 교수진 감수 학습 콘텐츠와
한국심리학회 인증 진단 검사

정답 및 해설

WORDS 13쪽

문제 정답 **01** 1. lay 2. protect **02** 1. busy 2. secret **03** 1. human 2. own

문제 해석 **01** 1. 그 닭들은 매일 알을 <u>낳는다</u>.

2. 새들은 큰 동물들로부터 그들의 새끼를 <u>보호한다</u>.

02 1. 그 상점은 인기가 있어서 항상 <u>붐빈다</u>.

2. 이것을 아무에게도 말하지 마라. 이것은 <u>비밀</u>이다.

03 1. 이 로봇은 <u>인간</u>처럼 말할 수 있다.

2. 사람들은 이것에 대해서 모른다. 이것은 나 <u>자신의</u> 생각이다.

01 엄마 입이 보금자리 14쪽

문제 정답 **1** (1) T (2) T (3) F **2** protect

문제 해설 **1** (1) Her mouth is full of eggs, so she cannot eat anything.(그녀의 입은 알들로 가득 차서, 아무것도 먹을 수 없다.)이라고 했으므로, 본문의 내용과 일치한다.

(2) After 30 days, the eggs turn into baby fish and come out of her mouth.(30일 후에, 그 알들은 새끼 물고기들로 변하고 그녀의 입 밖으로 나온다.)라고 했으므로, 본문의 내용과 일치한다.

(3) Then, the mother is free.(그러면 그 엄마 물고기는 자유로워진다.)라고 했으므로, 새끼 물고기들을 계속 입속에서 기른다는 문장은 본문의 내용과 일치하지 않는다.

2 '누군가 또는 무언가를 안전하게 지키다(to keep someone or something safe)'를 의미하는 단어는 protect(보호하다)이다.

직독 직해

Cichlids are small fish / from Africa. / When the mother fish lays eggs, / she cares
시클리드는 작은 물고기들이다 / 아프리카에서 온 / 엄마 물고기는 알들을 낳으면 / 그녀는 그것들을

for them / in an unusual way. / She keeps them / in her mouth! / In this way, / she
돌본다 / 특이한 방법으로 / 그녀는 그것들을 지킨다 / 그녀의 입속에서 / 이러한 방법으로 / 그녀는

❶ **can** protect her eggs. / Her mouth is full of eggs, / so she cannot eat ❷ anything.
그녀는 그녀의 알들을 보호할 수 있다 / 그녀의 입은 알들로 가득 찬다 / 그래서 그녀는 아무것도 먹을 수 없다 /

After 30 days, / the eggs turn into baby fish / and come out of her mouth. / Then, /
30일 후에 / 그 알들은 새끼 물고기들로 변한다 / 그리고 그녀의 입 밖으로 나온다 / 그러면 /

the mother is free. / She can eat food and rest. /
그 엄마 물고기는 자유로워진다 / 그녀는 먹이를 먹고 쉴 수 있다 /

구문 설명 ❶ can은 '~할 수 있다'라는 능력의 의미를 나타내는 조동사이다. 조동사 뒤에는 항상 동사원형을 쓴다.

ex. She **can** <u>speak</u> English. 그녀는 영어를 말할 수 있다.

❷ anything은 부정문과 의문문에 쓰여 '아무것도, 무엇인가'를 의미한다.

ex. I didn't eat **anything** at the party. 나는 그 파티에서 아무것도 먹지 않았다.

시클리드는 아프리카에서 온 작은 물고기들이다. 엄마 물고기는 알들을 낳으면, 특이한 방법으로 그것들을 돌본다. 그녀는 그것들을 그녀의 입속에서 지킨다! 이러한 방법으로, 그녀는 그녀의 알들을 보호할 수 있다. 그녀의 입은 알들로 가득 차서, 아무것도 먹을 수 없다. 30일 후에, 그 알들은 새끼 물고기들로 변하고 그녀의 입 밖으로 나온다. 그러면, 그 엄마 물고기는 자유로워진다. 그녀는 먹이를 먹고 쉴 수 있다.

02 충격적인 비밀

문제 정답

1 ②　　**2** whisper

문제 해설

1 Jane이 좋아하게 된 남자아이가 바로 Maria의 남자친구라는 것을 알게 되었으므로 surprised(놀란)가 Jane의 심경으로 가장 알맞다.

① 희망적인　③ 기쁜　④ 신이 난　⑤ 고마워하는

2 As they sat in a busy cafe, Jane whispered quietly to Maria.의 whisper(속삭이다)가 문맥상 알맞다.

사람들은 도서관에서 조용하게 말한다.

= 사람들은 도서관에서 <u>속삭인다</u>.

직독 직해

Jane had a big secret. / She didn't tell her secret / to her sister or brother. / But
Jane은 큰 비밀이 하나 있었다 / 　그녀는 자신의 비밀을 말하지 않았다 / 　그녀의 언니나 오빠에게 / 　　하지만

then one day / she met ❶ Maria, / her close friend. / As they sat / in a busy cafe, /
그러던 어느 날 / 　그녀는 Maria를 만났다 / 　그녀의 절친한 친구인 / 　그들이 앉았을 때 / 붐비는 카페에 /

Jane whispered quietly / to Maria. / "I ❷ want to say something important / to you, /
Jane은 조용히 속삭였다 / 　　Maria에게 / 　나는 중요한 것을 말하고 싶어 / 　　너에게 /

but please don't tell this / to anyone. / Recently, / I met a boy / and began to really
하지만 이것을 말하지 말아 줘 / 　아무에게도 / 　최근에 / 　나는 한 남자아이를 만났어 / 그리고 그를 정말 좋아하기

like him. / His name is Peter Parker." / Then Maria's response was shocking. / "Oh,
시작했어 / 　그의 이름은 Peter Parker야 / 　　그러자 Maria의 반응은 충격적이었다 / 　　오, 세상에 /

my! / Peter is MY boyfriend!" /
Peter는 내 남자친구야 /

구문 설명

❶ 같은 대상을 가리키는 두 명사(구)의 관계를 동격이라고 하며, 두 명사(구) 사이에 보통 쉼표(,)를 쓴다. Maria와 her close friend는 같은 대상을 가리키는 동격의 관계이다.

ex. This is **my friend, Thomas**. 이 사람은 내 친구 Thomas이다.

❷ 「want + to부정사[to + 동사원형]」는 '~하기를 원하다'라는 의미를 나타낸다.

ex. He **wants to become** a writer. 그는 작가가 되기를 원한다.

본문 해석

Jane은 큰 비밀이 하나 있었다. 그녀는 그녀의 언니나 오빠에게 자신의 비밀을 말하지 않았다. 하지만 그러던 어느 날 그녀는 그녀의 절친한 친구인 Maria를 만났다. 그들이 붐비는 카페에 앉았을 때, Jane은 Maria에게 조용히 속삭였다.

"나는 너에게 중요한 것을 말하고 싶은데, 이것을 아무에게도 말하지 말아 줘. 최근에, 나는 한 남자아이를 만났는데 그를 정말 좋아하기 시작했어. 그의 이름은 Peter Parker야."

그러자 Maria의 반응은 충격적이었다.

"오, 세상에! Peter는 내 남자친구야!"

03 챗GPT를 만든 Sam Altman

문제 정답

1 ④　　**2** ③　　**3** lead

문제 해설

1 미국의 인공지능 개발 연구소인 OpenAI를 설립하고, 인공지능 챗봇인 챗GPT를 만든 Sam Altman을 소개하는 글이므로, 'Sam Altman: AI 기술의 리더'가 글의 제목으로 가장 알맞다.

① OpenAI의 미래　② AI 회사의 이름들　③ 챗GPT: AI 도우미　⑤ Elon Musk의 발명품들

2 When he was in college, he started his own company.(그는 대학에 다닐 때 자신의 회사를 시작했다.)라고 했으므로, 대학을 졸업한 후에 회사를 설립했다는 설명은 본문의 내용과 일치하지 않는다.

3 '어떤 단체나 과업의 책임자가 되다(to be the head of a group or task)'를 의미하는 단어는 lead(이끌다, 주도하다)이다.

직독 직해

❶ There was a smart boy / named Sam Altman. / Sam **❷ enjoyed thinking** of new
한 똑똑한 소년이 있었다 /　　Sam Altman이라는 이름의 /　　　Sam은 새로운 것을 생각하는 것을 즐겼다 /

things / with his dad. / His dad loved computers / and taught Sam to program. / Sam
그의 아빠와 함께 /　　그의 아빠는 컴퓨터를 매우 좋아했다 /　　그리고 Sam에게 프로그램을 짜는 법을 가르쳤다 /

was only 8 years old / then. / **❸ When** he was in college, / he started his own
Sam은 겨우 8살이었다 /　　그때 /　　그는 대학에 다닐 때 /　　　그는 자신의 회사를 시작했다 /

company. / There, / he met Elon Musk. / Together, / they made something big / called
그곳에서 /　　그는 Elon Musk를 만났다 /　　함께 /　　그들은 대단한 것을 만들었다 /　　OpenAI라고

OpenAI / in 2015. / Sam **❹ wanted** computers **to think** / like humans. / Now, / Sam is
불리는 /　　2015년에 /　　Sam은 컴퓨터가 생각하기를 원했다 /　　　인간처럼 /　　이제 /　　Sam은

very important / in the world of technology. / He leads ChatGPT. /
매우 중요하다 /　　기술 업계에서 /　　　그는 챗GPT를 이끌고 있다 /

구문 설명

❶ 「there was + 단수 명사」는 '~이 있었다'라는 의미이다.

ex. **There was** a bird on the branch. 나뭇가지 위에 새 한 마리가 있었다.

❷ 「enjoy + 동명사[동사원형-ing]」는 '~하는 것을 즐기다'라는 의미이다.

ex. I **enjoy watching** movies. 나는 영화 보는 것을 즐긴다.

❸ when은 '~할 때'를 의미하는 접속사로, 「when + 주어 + 동사」로 쓴다.

ex. He liked swimming **when** he was young. 그는 어렸을 때 수영하는 것을 좋아했다.

❹ 「want + 목적어 + to부정사[to + 동사원형]」는 '~이 …하기를 원하다'라는 의미이다.

ex. I **want** you **to finish** the work today. 나는 네가 그 일을 오늘 끝내기를 원한다.

본문 해석

Sam Altman이라는 이름의 한 똑똑한 소년이 있었다. Sam은 그의 아빠와 함께 새로운 것을 생각하는 것을 즐겼다. 그의 아버지는 컴퓨터를 매우 좋아했고 Sam에게 프로그램을 짜는 법을 가르쳤다. 그때 Sam은 겨우 8살이었다. 그는 대학에 다닐 때 자신의 회사를 시작했다. 그곳에서 그는 Elon Musk를 만났다. 함께 그들은 2015년에 OpenAI라고 불리는 대단한 것을 만들었다. Sam은 컴퓨터가 인간처럼 생각하기를 원했다. 이제 Sam은 기술 업계에서 매우 중요하다. 그는 챗GPT를 이끌고 있다.

GRAMMAR

문제 정답

1 (1) anything (2) something important (3) nothing new

2 (1) eat something delicious

(2) has nothing in his bag

(3) saw something strange

문제 해설

1 (1) anything은 부정문에 쓰여 '아무것'을 의미한다.

그 물고기의 입은 알들로 가득 차서 아무것도 먹을 수 없다.

(2) -thing으로 끝나는 대명사는 형용사가 뒤에서 수식하므로 「-thing + 형용사」로 쓴다.

나는 너에게 중요한 것을 말하고 싶어.

(3) -thing으로 끝나는 대명사는 형용사가 뒤에서 수식한다.

나는 그곳에서 새로운 것은 아무것도 발견하지 못했다.

2 (1) 형용사 delicious를 대명사 something의 뒤에 쓴다.

(2) nothing은 '아무것도 아닌 것'을 의미한다.

(3) 형용사 strange를 대명사 something의 뒤에 쓴다.

WORDS 19쪽

문제 정답

01 1. survive 2. imitate   **02** 1. decide 2. idea   **03** 1. visit 2. rule

문제 해석

01 1. 동물들은 <u>생존하기</u> 위해서 먹이가 필요하다.

2. 몇몇 앵무새들은 인간의 목소리를 <u>따라</u> 한다.

02 1. 나는 그를 돕기로 <u>결정한다</u>.

2. 너는 좋은 <u>아이디어가</u> 있니?

03 1. 오늘 내 친구가 나의 집을 <u>방문할</u> 것이다.

2. 우리는 그 <u>규칙을</u> 따라야 한다.

04 변신의 왕은 바로 나! 20쪽

문제 정답

1 ④   **2** imitate

문제 해설

1 It changes its color to look like other plants. It also changes its leaf shape to hide from animals.(그것은 다른 식물들처럼 보이기 위해서 그것의 색깔을 바꾼다. 그것은 또한 동물들로부터 숨기 위해서 그것의 잎 모양을 바꾼다.)로 보아, Boquila는 주변 환경에 맞게 자신을 바꿀 수 있기 때문에 '식물 카멜레온'으로 불린다는 것을 알 수 있다.

2 This plant can imitate things around it.의 imitate(따라 하다, 모방하다)가 문맥상 알맞다.

원숭이들은 다른 동물들처럼 행동한다.

= 원숭이들은 다른 동물들을 <u>따라 한다</u>.

직독 직해

There is a very interesting plant. / This plant can imitate / things around it. / It
매우 흥미로운 식물이 있다 / 이 식물은 따라할 수 있다 / 그것 주변의 것들을 /

changes its color / ❶ to look like other plants. / It also changes its leaf shape / to
그것은 그것의 색깔을 바꾼다 / 다른 식물들처럼 보이기 위해서 / 그것은 또한 그것의 잎 모양을 바꾼다 /

hide from animals. / The name of this amazing plant / is *Boquila*. / It ❷ comes / from
동물들로부터 숨기 위해서 / 이 놀라운 식물의 이름은 / 'Boquila(보키)'이다 / 그것은 왔다 /

Argentina and Chile. / Its skills help it survive. / Truly, / it is a plant chameleon! /
아르헨티나와 칠레에서 / 그것의 기술들은 그것이 생존하는 것을 돕는다 / 정말로 / 그것은 식물 카멜레온이다 /

구문 설명

❶ to부정사[to + 동사원형]는 '~하기 위해서'라는 목적의 뜻을 나타낼 수 있다.

ex. He tries hard **to succeed**. 그는 성공하기 위해서 열심히 노력한다.

❷ come from은 '~출신이다, ~에서 유래하다'라는 의미이다.

ex. He **comes from** Canada. 그는 캐나다 출신이다.

매우 흥미로운 식물이 있다. 이 식물은 그것 주변의 것들을 따라할 수 있다. 그것은 다른 식물들처럼 보이기 위해서 그것의 색깔을 바꾼다. 그것은 또한 동물들로부터 숨기 위해서 그것의 잎 모양을 바꾼다. 이 놀라운 식물의 이름은 'Boquila(보키)'이다. 그것은 아르헨티나와 칠레에서 왔다. 그것의 기술들은 그것이 생존하는 것을 돕는다. 정말로 그것은 식물 카멜레온이다!

05 용돈을 올려 받은 비결

문제 정답

1 ④   2 allowance

문제 해설

1 Amazingly, this plan worked!(놀랍게도 이 계획은 효과가 있었다!)는 Laura가 실천한 계획인 세차와 설거지에 대한 문장의 바로 뒤에 오는 것이 자연스럽다.

2 It is money. Your parents give it to you every week or month.(그것은 돈이다. 당신의 부모님이 매주 또는 매달 그것을 당신에게 준다.)를 의미하는 단어는 allowance(용돈)이다.

직독 직해

Laura got ten dollars / ❶ a week / from her parents. / But she needed more money. /
Laura는 10달러를 받았다 / 일주일마다 / 그녀의 부모님으로부터 / 하지만 그녀는 더 많은 돈이 필요했다 /

She wanted / to buy her favorite things. / Laura asked her parents / for a bigger
그녀는 원했다 / 자신이 좋아하는 물건들을 사기를 / Laura는 그녀의 부모님께 부탁했다 / 더 많은 용돈을 /

allowance. / But they said no. / Laura came up with an idea / to change their minds. /
하지만 그들은 안 된다고 말했다 / Laura는 아이디어를 떠올렸다 / 그들의 마음을 바꾸기 위해서 /

She washed their cars / every morning. / She also did the dishes. / Amazingly, / this
그녀는 그들의 자동차를 세차했다 / 매일 아침 / 그녀는 설거지도 했다 / 놀랍게도 /

plan worked! / Her parents ❷ decided / to raise her allowance. / Now / she is ❸ glad
이 계획은 효과가 있었다 / 그녀의 부모님은 결정했다 / 그녀의 용돈을 올리기로 / 이제 / 그녀는 15달러를

to get fifteen dollars / a week. /
받아서 기쁘다 / 일주일마다 /

구문 설명

❶ a week의 a는 '~마다, ~당'의 의미로, per로 바꿔 쓸 수 있다.
   ex. She goes hiking twice **a month**. 그녀는 한 달에 두 번 하이킹을 간다.

❷ 「decide + to부정사[to + 동사원형]」는 '~하기를 결정하다'라는 의미를 나타낸다.
   ex. They **decide to go** to the concert. 그들은 그 음악회에 가기로 결정한다.

❸ to부정사[to + 동사원형]는 앞에 있는 형용사를 수식하는 부사처럼 쓰일 수 있다. to get은 감정을 나타내는 형용사 glad 뒤에 쓰여 감정의 원인을 나타낸다.
   ex. I'm **happy to meet** you. 나는 너를 만나서 기쁘다.

본문 해석

Laura는 그녀의 부모님으로부터 일주일마다 10달러를 받았다. 하지만 그녀는 더 많은 돈이 필요했다. 그녀는 자신이 좋아하는 물건들을 사기를 원했다. Laura는 그녀의 부모님께 더 많은 용돈을 부탁했다. 하지만 그들은 안 된다고 말했다. Laura는 그들의 마음을 바꾸기 위해서 아이디어를 떠올렸다. 그녀는 매일 아침 그들의 자동차를 세차했다. 그녀는 설거지도 했다. 놀랍게도 이 계획은 효과가 있었다! 그녀의 부모님은 그녀의 용돈을 올리기로 결정했다. 이제 그녀는 일주일마다 15달러를 받아서 기쁘다.

06 상상 그 이상의 게임 세상 22~23쪽

문제 정답 **1** ③ **2** ② **3** rule

문제 해설

1 과거와 달리 오늘날의 컴퓨터 게임은 플레이어가 게임의 다양한 부분을 바꿔서 더 재미있게 만들 수 있다는 내용이므로, '오늘날, 게임 플레이어들은 그 게임들을 더 (B)재미있게 만들기 위해서 그 스토리들을 (A)바꿀 수 있다'가 요약문으로 알맞다.

2 이 글은 오늘날 컴퓨터 게임의 장점에 대해 설명하고 있으므로, Some players don't like this.(몇몇 플레이어들은 이것을 좋아하지 않는다.)는 흐름상 자연스럽지 않다.

3 They can change the rules to make them more fun.의 rule(규칙)이 문맥상 알맞다.

수업에 늦지 마라. 이것은 우리 학교에서 중요한 규칙이다.

직독 직해

Computer games ❶ **are changing** / every day. / In the past, / computer games were
컴퓨터 게임은 변화하고 있다 /   매일 /   과거에는 /   컴퓨터 게임이 단순했다 /

simple. / They had fixed rules or stories. / You could ❷ **not** change them / **at all**. /
   그것들은 정해진 규칙이나 스토리가 있었다 /   당신은 그것들을 바꿀 수 없었다 /   전혀 /

Today, / things are different. / Players can change different parts / of the games. /
오늘날 /   상황이 다르다 /   플레이어들은 다양한 부분들을 바꿀 수 있다 /   게임의 /

They can change the rules / **to make** them more fun. / (Some players don't like this. /)
그들은 규칙들을 바꿀 수 있다 /   그것들을 더 재미있게 만들기 위해서 /   (어떤 플레이어들은 이것을 좋아하지 않는다. /)

In Roblox, / for example, / you can become a superhero / or anyone ❸ **you like**. /
Roblox에서 /   예를 들면 /   당신은 슈퍼히어로로가 될 수 있다 /   또는 당신이 좋아하는 누구든지 /

In addition, / in Minecraft, / you can build big cities. / You can also visit new worlds. /
게다가 /   Minecraft에서 /   당신은 큰 도시들을 건설할 수 있다 /   당신은 새로운 세계를 방문할 수도 있다 /

In short, / games today / ❹ **let** you **be** anyone / and **go** anywhere. /
요약하면 /   오늘날의 게임은 /   당신이 누구든 될 수 있게 한다 / 그리고 어디든 갈 수 있게 /

구문 설명

❶ 「am/are/is + 동사원형-ing」은 현재 '~하고 있다'라는 의미를 나타내는 현재진행형이다.

ex. We **are playing** tennis. 우리는 테니스를 치고 있다.

❷ 'not ~ at all'은 '전혀 ~아닌'이라는 의미이다.

ex. He did **not** say anything **at all**. 그는 아무 말도 하지 않았다.

❸ you like는 앞에 있는 anyone을 수식하는 관계대명사절로, you like 앞에 목적격 관계대명사 that이 생략되었다.

ex. You can have anything **(that)** you want. 당신은 당신이 원하는 무엇이든 가질 수 있다.

❹ 「let + 목적어 + 동사원형」은 '~이 …하게 하다'라는 의미이다.

ex. My parents **let** me **go** to the movies. 나의 부모님은 내가 영화관에 가는 것을 허락해 주셨다.

본문 해석

컴퓨터 게임은 매일 변화하고 있다. 과거에는 컴퓨터 게임이 단순했다. 그것들은 정해진 규칙이나 스토리가 있었다. 당신은 그것들을 전혀 바꿀 수 없었다. 오늘날, 상황이 다르다. 플레이어들은 게임의 다양한 부분들을 바꿀 수 있다. 그들은 그것들을 더 재미있게 만들기 위해서 규칙들을 바꿀 수 있다. (어떤 플레이어들은 이것을 좋아하지 않는다.) 예를 들면, Roblox에서 당신은 슈퍼히어로로 혹은 당신이 좋아하는 누구든지 될 수 있다. 게다가, Minecraft에서 당신은 큰 도시들을 건설할 수 있다. 당신은 새로운 세계를 방문할 수도 있다. 요약하면, 오늘날의 게임은 당신이 누구든 될 수 있게 하고 어디든 갈 수 있게 한다.

문제 정답

1 (1) 동물들로부터 숨기 위해서

(2) 일주일마다 15달러를 받아서 기쁜

2 (1) to pass the exam

(2) surprised to hear

(3) to win the game

문제 해설

1 (1) to부정사[to + 동사원형]는 '~하기 위해서'라는 목적의 뜻을 나타낼 수 있다. to hide는 '숨기 위해서'라는 목적의 뜻을 나타내는 to부정사이다.

그 식물은 동물로부터 숨기 위해서 그것의 잎 모양을 바꾼다.

(2) to get은 감정을 나타내는 형용사 glad 뒤에 쓰여 감정의 원인을 나타내는 to부정사이다.

Laura는 일주일마다 15달러를 받아서 기쁘다.

2 (1) to pass는 '합격하기 위해서'라는 목적의 뜻을 나타내는 to부정사이다.

(2) to hear는 형용사 surprised 뒤에 쓰여 감정의 원인을 나타내는 to부정사이다.

(3) to win은 '우승하기 위해서'라는 목적의 뜻을 나타내는 to부정사이다.

WORDS

문제 정답

01 1. lie   2. invite   **02** 1. match   2. digest   **03** 1. avoid   2. roll

문제 해석

01 1. 나는 잠을 자기 위해 침대에 <u>눕는다</u>.

2. 우리의 친구들을 파티에 <u>초대하자</u>.

02 1. 우리는 TV로 축구 <u>경기</u>를 본다.

2. 나는 튀긴 음식을 잘 <u>소화하지</u> 못한다.

03 1. 나는 그를 만나는 것을 좋아하지 않아서 그를 <u>피한다</u>.

2. 아이들은 눈을 <u>굴리고</u> 눈사람을 만든다.

07 파자마 파티

문제 정답

1 ④   **2** spend

문제 해설

1 After all these activities, they lie in bed and fall asleep.(이 모든 활동 후에, 그들은 침대에 누워 잠이 든다.)이라고 했으므로, '밤새 깨어 있기'는 Sarah가 친구들과 하는 일로 알맞지 않다.

2 This is a good way to spend time with her friends.의 spend((시간을) 보내다; (돈을) 쓰다)가 문맥상 알맞다.

(1) 그들은 옷에 많은 돈을 <u>쓴다</u>.

(2) 우리는 보통 우리의 부모님과 함께 주말을 <u>보낸다</u>.

직독 직해

Sarah loves having slumber parties. / She often invites her friends / to sleep over /
Sarah는 파자마 파티를 매우 좋아한다 /　　　　　　그녀는 종종 그녀의 친구들을 초대한다 /　　　자고 가고 /

at her house. / This is a good way / ❶ to spend time / with her friends. / They do a
그녀의 집에서 /　　이것은 좋은 방법이다 /　　　시간을 보내는 /　　그녀의 친구들과 /　　　　그들은

lot of fun things. / They fight / with their pillows. / They sing songs / and watch scary
재미있는 일을 많이 한다 /　그들은 싸운다 /　그들의 베개를 가지고 /　　그들은 노래를 부른다 /　그리고 무서운 영화를 본다 /

movies. / They also eat delicious ice cream / and tell funny stories. / ❷ **After** all these
그들은 맛있는 아이스크림도 먹는다 /　　　　　그리고 재미있는 이야기도 한다 /　　이 모든 활동들 후에 /

activities, / they lie in bed / and fall asleep. /
그들은 침대에 눕는다 /　그리고 잠이 든다 /

구문 설명

❶ to부정사[to + 동사원형]는 앞에 있는 명사(구)를 수식하는 형용사처럼 쓰일 수 있다. a good way to spend는 to spend가 앞에 있는 a good way를 수식하여 '(시간을) 보내는 좋은 방법'을 의미한다.

ex. I didn't have time **to have** lunch. 나는 점심을 먹을 시간이 없었다.

❷ after가 명사(구) 앞에 쓰일 때는 '~후에'를 뜻하는 전치사이다.

ex. A rainbow appeared **after** the rain. 비 온 뒤에 무지개가 나타났다.

Sarah는 파자마 파티를 매우 좋아한다. 그녀는 종종 그녀의 친구들을 집에서 자고 가라고 초대한다. 이것은 그녀의 친구들과 시간을 보내는 좋은 방법이다. 그들은 재미있는 일을 많이 한다. 그들은 그들의 베개를 가지고 싸운다. 그들은 노래를 부르고 무서운 영화를 본다. 그들은 맛있는 아이스크림도 먹고 재미있는 이야기도 한다. 이 모든 활동들 후에, 그들은 침대에 누워 잠이 든다.

08 운동할 때는 이 과일을 챙기세요

27쪽

문제 정답

1 (1) T (2) T (3) F **2** digest

문제 해설

1 (1) These sugars give them quick energy.(이러한 당분은 그들에게 빠른 에너지를 준다.)라고 했으므로, 본문의 내용과 일치한다.

(2) These minerals help muscles work better.(이러한 미네랄은 근육이 더 잘 움직이도록 도와준다.)라고 했으므로, 본문의 내용과 일치한다.

(3) 바나나가 다른 음식의 소화를 도와준다는 내용은 본문에 언급되지 않았다.

2 '체내에서 음식을 분해하다(to break down food in your body)'를 의미하는 단어는 digest(소화하다)이다.

직독 직해

Tennis players like / to eat bananas / when they play matches. / Why do they do
테니스 선수들은 좋아한다 / 바나나를 먹는 것을 / 그들이 경기를 할 때 / 그들은 왜 그렇게 할까 /

so? / Bananas have a lot of natural sugars. / These sugars ❶ **give them quick energy.** /
바나나는 천연 당분을 많이 가지고 있다 / 이러한 당분은 그들에게 빠른 에너지를 준다 /

Bananas also have plenty of minerals. / These minerals ❷ **help muscles work** better. /
바나나는 또한 많은 미네랄을 가지고 있다 / 이러한 미네랄은 근육이 더 잘 움직이도록 도와준다 /

Bananas are ❸ easy to digest, / too. / How cool! / They are the best snack / to give
바나나는 소화하기 쉽다 / 또한 / 얼마나 멋진가 / 그것들은 최고의 간식이다 / 빠른 에너지를

quick energy. /
주는 /

구문 설명

❶ 「give + A + B」는 'A에게 B를 주다'를 의미한다.

ex. She **gave me a book**. 그녀는 나에게 책 한 권을 주었다.

❷ 「help + 목적어 + 동사원형/to부정사」는 '~이 …하는 것을 돕다'라는 의미이다.

ex. I **helped my dad (to) clean** the floor. 나는 아빠가 바닥을 청소하는 것을 도와 드렸다.

❸ to부정사[to + 동사원형]는 앞에 있는 형용사를 수식하는 부사처럼 쓰일 수 있다. easy to digest는 to digest가 앞에 있는 easy를 수식하여 '소화하기 쉬운'을 의미한다.

ex. The book is **difficult to understand**. 그 책은 이해하기 어렵다.

본문 해석

테니스 선수들은 경기를 할 때 바나나를 먹는 것을 좋아한다. 그들은 왜 그렇게 할까? 바나나는 천연 당분을 많이 가지고 있다. 이러한 당분은 그들에게 빠른 에너지를 준다. 바나나는 또한 많은 미네랄을 가지고 있다. 이러한 미네랄은 근육이 더 잘 움직이도록 도와준다. 바나나는 소화하기도 쉽다. 얼마나 멋진가! 그것들은 빠른 에너지를 주는 최고의 간식이다.

09 놀라운 축구의 기술   28~29쪽

문제 정답

1 ②   **2** ②   **3** pretends

문제 해설

1 Other players use a different trick.(다른 선수들은 다른 속임수를 쓴다.)은 축구선수들이 사용하는 또 다른 속임수(공을 밟고 그것을 뒤로 밀어내는 체 하는 것)를 설명하는 문장의 바로 앞에 오는 것이 자연스럽다.

2 ①번 그림은 Some players kick the ball between another player's legs.(몇몇 선수들은 다른 선수의 다리 사이로 공을 찬다.)를 묘사하고, ③번 그림은 They step on the ball and pretend to push it back.(그들은 공을 밟고 그것을 뒤로 밀어내는 체한다.)을 묘사하고 있다. ②번 그림과 같이 상대 선수를 등지고 하는 기술은 본문에 언급되지 않았다.

3 They step on the ball and pretend to push it back.의 pretend(~인 체하다)가 문맥상 알맞다. 주어(He)가 3인칭 단수이므로 pretends로 쓴다.

그는 부자가 아니지만 부자인 것처럼 행동한다.

= 그는 부자인 체한다.

직독 직해

In soccer, / players do cool tricks. / ❶ **Some players** kick the ball / between another
축구에서 / 선수들은 멋진 속임수를 쓴다 / 몇몇 선수들은 공을 찬다 / 다른 선수의 다리 사이로 /

player's legs. / Then, / they get the ball again / on the other side of the player. / This
그런 다음 / 그들은 그 공을 다시 받는다 / 그 선수의 반대편에서 /

is a smart way / to avoid a defender. / Neymar and Eden Hazard do it / often. / Other
이것은 똑똑한 방법이다 / 수비수를 피하는 / Neymar와 Eden Hazard가 그것을 사용한다 / 자주 /

players use a different trick. / They step on the ball / and ❷ **pretend to push** it back.
다른 선수들은 다른 속임수를 사용한다 / 그들은 공을 밟는다 / 그리고 그것을 뒤로 밀어내는 체한다 /

/ Then, / they quickly roll it forward. / It surprises other players. / Do you know
그런 다음 / 그들은 그것을 앞으로 빠르게 굴린다 / 그것은 다른 선수들을 놀라게 한다 / 당신은 이유를 아는가 /

why? / Those players ❸ **think** / the ball will go backward. / Messi and Ronaldo use
그 선수들은 생각한다 / 그 공이 뒤로 갈 것이다 / Messi와 Ronaldo는 이 속임수를

this trick / often. / They change the game / with it. / Soccer is full of fun surprises.
사용한다 / 자주 / 그들은 경기를 바꾼다 / 그것으로 / 축구는 재미있는 놀라움으로 가득하다 /

/ These tricks ❹ **make the game exciting**. /
이러한 속임수들은 그 경기를 흥미진진하게 만든다 /

구문 설명

❶ '몇몇은 ~, 다른 몇몇은 …'이라고 할 때, 'some ~, others …'를 사용한다.

   ex. **Some people** like football, and **other people** like baseball. 몇몇 사람들은 축구를 좋아하고, 다른 몇몇 사람들은 야구를 좋아한다.

❷ 「pretend + to부정사[to + 동사원형]」는 '~하는 체하다'라는 의미를 나타낸다.

   ex. He always **pretends to know** everything. 그는 항상 모든 것을 아는 체한다.

❸ 접속사 that은 「that + 주어 + 동사」로 쓰여 '~라는 것'을 의미하며, 접속사 that은 생략할 수 있다. 동사 think(생각하다)는 접속사 that이 이끄는 문장을 목적어로 쓸 수 있다.

   ex. I **think** (that) his idea is great. 나는 그의 아이디어가 좋다고 생각한다.

❹ 「make + 목적어 + 형용사」는 '~을 …하게 만들다'를 의미한다.

   ex. The news **made us excited**. 그 소식은 우리를 신이 나게 만들었다.

축구에서 선수들은 멋진 속임수를 쓴다. 몇몇 선수들은 다른 선수의 다리 사이로 공을 찬다. 그런 다음, 그들은 그 선수의 반대편에서 그 공을 다시 받는다. 이것은 수비수를 피하는 똑똑한 방법이다. Neymar와 Eden Hazard가 그것을 자주 사용한다. 다른 선수들은 다른 속임수를 사용한다. 그들은 공을 밟고 그것을 뒤로 밀어내는 체한다. 그런 다음 그들은 그것을 앞으로 빠르게 굴린다. 그것은 다른 선수들을 놀라게 한다. 당신은 이유를 아는가? 그 선수들은 그 공이 뒤로 갈 것이라고 생각한다. Messi와 Ronaldo가 이 속임수를 자주 사용한다. 그들은 그것으로 경기를 바꾼다. 축구는 재미있는 놀라움으로 가득하다. 이러한 속임수들은 그 경기를 흥미진진하게 만든다.

GRAMMAR

문제 정답

1 (1) to avoid   (2) to spend   (3) to give

2 (1) money to buy a new phone

(2) an apple pie to eat with her family

(3) a pretty dress to wear for the party

문제 해설

1 (1) to부정사[to + 동사원형]는 형용사처럼 명사를 뒤에서 수식할 수 있으며, '~할, ~하는'으로 해석한다. to avoid가 앞에 있는 명사구 a smart way를 수식하는 형용사적 용법으로 쓰였다.

이 기술은 수비수를 피하는 똑똑한 방법이다.

(2) to spend가 앞에 있는 명사구 a good way를 수식하는 형용사적 용법으로 쓰였다.

파자마 파티는 친구들과 시간을 보내는 좋은 방법이다.

(3) to give가 앞에 있는 명사구 the best snack을 수식하는 형용사적 용법으로 쓰였다.

바나나는 빠른 에너지를 주는 최고의 간식이다.

2 (1) to buy가 앞에 있는 명사 money를 수식하는 형용사적 용법으로 쓰였다.

(2) to eat이 앞에 있는 명사구 an apple pie를 수식하는 형용사적 용법으로 쓰였다.

(3) to wear가 앞에 있는 명사구 a pretty dress를 수식하는 형용사적 용법으로 쓰였다.

WORDS 31쪽

문제 정답 **01** 1. pray 2. candle **02** 1. fake 2. lie **03** 1. paint 2. broken

문제 해석
01 1. 사람들은 교회에서 <u>기도한다</u>.
2. 그 <u>양초</u>가 그 방을 밝게 만든다.
02 1. 그 뉴스는 사실이 아니다. 그것은 <u>가짜</u>이다.
2. 나에게 <u>거짓말하지</u> 마라. 나에게 사실을 말해라.
03 1. 그 아이들은 미술 수업에서 꽃을 <u>그린다</u>.
2. 조심해! 그 창문은 <u>깨졌어</u>!

10 인도의 갠지스강 32쪽

문제 정답 **1** (1) F (2) T (3) F   **2** 갠지스강 옆에 촛불을 놓고 신들에게 기도하는 것

문제 해설
1 (1) They think it is like a mother.(그들은 그것(갠지스강)이 어머니와 같다고 생각한다.)라고 했으므로, '갠지스강을 사랑하면 훌륭한 어머니가 된다'는 본문의 내용과 일치하지 않는다.
(2) They believe it cleans their hearts.(그들은 그것(갠지스강)이 그들의 마음을 깨끗하게 해준다고 믿는다.)라고 했으므로, 본문의 내용과 일치한다.
(3) People also put candles by the river.(사람들은 또한 그 강가에 촛불을 놓는다.)라고 했으므로, 큰 불을 피운다는 설명은 본문의 내용과 일치하지 않는다.
2 밑줄 친 this는 앞에 나온 People also put candles by the river. Then they pray to their gods.(사람들은 또한 그 강가에 촛불을 놓는다. 그다음 그들은 그들의 신들에게 기도한다.)를 가리킨다.

직독 직해

People in India / love the Ganges River. / They think / it is like a mother. / They
인도 사람들은 / 갠지스강을 사랑한다 / 그들은 생각한다 / 그것이 어머니와 같다 / 그들은

bathe in it / ❶ during special events. / Some people do this / every day. / They believe /
그 안에서 목욕을 한다 / 특별한 행사들 동안 / 어떤 사람들은 이것을 한다 / 매일 / 그들은 믿는다 /

it cleans their hearts. / People also put candles / by the river. / Then they pray to
그것이 그들의 마음을 깨끗하게 해준다 / 사람들은 또한 촛불을 놓는다 / 강가에 / 그다음 그들은 그들의

their gods. / They do this / ❷ because they want their gods' blessings. /
신들에게 기도한다 / 그들은 이것을 한다 / 그들은 그들의 신들의 축복을 원하기 때문에 /

구문 설명
❶ during은 특정 기간을 나타내는 말과 함께 쓰여 '~ 동안'을 의미하는 전치사이다. 전치사 for도 '~ 동안'이라는 의미를 나타낼 수 있지만, 주로 숫자를 포함한 기간과 함께 쓰인다.
ex. They traveled to Spain **during** the vacation. 그들은 방학 동안 스페인으로 여행을 했다.
❷ because는 '~ 때문에'를 의미하는 접속사로, 「because + 주어 + 동사」로 쓴다.
ex. I went to bed early **because** I was too tired. 나는 너무 피곤했기 때문에 일찍 잠자리에 들었다.

인도 사람들은 갠지스강을 사랑한다. 그들은 그것이 어머니와 같다고 생각한다. 그들은 특별한 행사들 동안 그 안에서 목욕을 한다. 어떤 사람들은 이것을 매일 한다. 그들은 그것이 그들의 마음을 깨끗하게 해준다고 믿는다. 사람들은 또한 그 강가에 촛불을 놓는다. 그다음 그들은 그들의 신들에게 기도한다. 그들은 그들의 신들의 축복을 원하기 때문에 이것을 한다.

11 AI 기술의 어두운 면

33쪽

문제 정답

1 ③　　**2** ①

문제 해설

1 AI가 유용한 기술이지만 나쁜 면도 있으므로 올바른 방법으로 사용해야 한다는 내용의 글이다. 따라서 'AI를 나쁜 방법으로 사용하지 마라'가 글의 제목으로 가장 알맞다.

① AI는 많은 것을 할 수 있다

② 우리가 동영상을 활용하는 방법

④ 온라인상 이야기들의 문제점

⑤ 가짜 동영상은 영화를 재미있게 만든다

2 But it can tell fake stories to people online.(하지만 그것은 온라인에서 사람들에게 가짜 이야기를 말할 수 있다.)으로 보아, AI가 가짜 이야기를 퍼뜨릴 수 있다는 것이 문제점임을 알 수 있다.

직독 직해

AI is a useful technology. / It ❶ can do many good things. / But it also has some bad
AI는 유용한 기술이다 /　　　　　그것은 많은 좋은 것들을 할 수 있다 /　　하지만 그것은 몇몇 나쁜 면들도 가지고 있다 /

sides. / For example, / AI can lie. / It can change faces and voices / in videos. / This
면들 /　　예를 들면 /　　　AI는 거짓말을 할 수 있다 /　그것은 얼굴과 목소리를 바꿀 수 있다 /　동영상 속 /

is not a problem / in movies. / But it can tell fake stories / to people / online. / This
이것은 문제가 되지 않는다 / 영화 속에서는 /　하지만 그것은 가짜 이야기를 말할 수 있다 / 사람들에게 /　온라인에서 /

can be a big problem. / ❷ If someone shares a fake video, / it can cause trouble. /
이것은 큰 문제가 될 수 있다 /　　만약 누군가가 가짜 동영상을 공유하면 /　　그것은 문제를 일으킬 수 있다 /

AI is very helpful. / But we should use it / in the right way. /
AI는 매우 유용하다 /　　하지만 우리는 그것을 사용해야 한다 / 올바른 방법으로

구문 설명

❶ can은 '~할 수 있다'라는 능력의 의미를 나타내는 조동사이다. 조동사 뒤에는 항상 동사원형을 쓴다.

ex. She **can** speak Spanish. 그녀는 스페인어를 말할 수 있다.

❷ if는 '만약 ~하면'을 의미하는 접속사로, 「if + 주어 + 동사」로 쓴다.

ex. **If** it rains, we will not play soccer. 만약 비가 오면, 우리는 축구를 하지 않을 것이다.

본문 해석

AI는 유용한 기술이다. 그것은 많은 좋은 것들을 할 수 있다. 하지만 그것은 몇몇 나쁜 면들도 가지고 있다. 예를 들면, AI는 거짓말을 할 수 있다. 그것은 동영상 속 얼굴과 목소리를 바꿀 수 있다. 이것은 영화 속에서는 문제가 되지 않는다. 하지만 그것은 온라인에서 사람들에게 가짜 이야기를 말할 수 있다. 이것은 큰 문제가 될 수 있다. 만약 누군가가 가짜 동영상을 공유하면, 그것은 문제를 일으킬 수 있다. AI는 매우 유용하다. 하지만 우리는 그것을 올바른 방법으로 사용해야 한다.

12 새를 구하기 위한 소녀의 지혜 34~35쪽

문제 정답   1 ④   2 The birds hit the window because they couldn't see it.   3 hit

문제 해설

1 She painted big colorful flowers on it.(그녀는 그 위에 크고 형형색색의 꽃들을 그렸다.)로 보아 Betty가 새들이 죽는 것을 막기 위해 한 일이 무엇인지 알 수 있다.

2 Birds often flew into the window because they couldn't see it.(새들은 창문을 볼 수 없었기 때문에 종종 그 창문으로 날아들곤 했다.)이라고 했으므로, Why did the birds hit the window?(왜 새들이 창문에 부딪혔는가?)에 대한 대답은 The birds hit the window because they couldn't see it.(그 새들은 창문을 볼 수 없었기 때문에 그것에 부딪혔다.)가 되어야 한다.

3 Now, birds don't hit the window.의 hit(부딪히다; 때리다)가 문맥상 알맞다.

(1) 빗방울이 지붕에 부딪쳐 소리가 난다.

(2) 네 남동생을 때리지 마라. 그것은 잘못된 일이다.

직독 직해

When Betty entered her bedroom, / she ❶ **found** / **that** the window was broken. / And
Betty가 그녀의 침실에 들어갔을 때 /　　　그녀는 알아차렸다 / 창문이 깨져 있는 것을 /

there was a dead bird / on the floor. / "Poor bird!" / Betty ❷ **felt** very **sad**. / This
그리고 죽은 새 한 마리가 있었다 /　바닥에는 /　불쌍한 새 /　Betty는 매우 슬프게 느꼈다 /

❸ **had happened** / several times before. / Her bedroom window is / next to a tree. /
이런 일은 일어났다 /　전에도 여러 번 /　그녀의 침실 창문은 있다 /　나무 옆에 /

Birds often flew / into the window / **because** they couldn't see it. / Then Betty had a
새들은 종종 날아들곤 했다 / 창문으로 /　그들은 그것을 볼 수 없었기 때문에 /　그때 Betty에게 좋은 생각이

good idea. / She decided / to paint pictures / on the window. / She painted big colorful
떠올랐다 /　그녀는 결심했다 /　그림을 그리기로 /　창문 위에 /　그녀는 크고 형형색색의 꽃들을 그렸다 /

flowers / on it. / Now, / birds don't hit the window. / ❹ **Because of** the colorful
그 위에 / 이제 /　새들이 그 창문에 부딪히지 않는다 /　그 형형색색의 그림들 때문에 /

pictures, / the birds can see the window. /
새들은 그 창문을 볼 수 있다 /

구문 설명

❶ 접속사 that은 「that + 주어 + 동사」로 쓰여 '~라는 것'을 의미한다. 동사 find(알아차리다)는 접속사 that이 이끄는 문장을 목적어로 쓸 수 있다.

ex. I found **that** my bag was missing. 나는 내 가방이 없어진 것을 알아차렸다.

❷ feel이 '~하게 느끼다'라는 의미의 감각동사로 쓰일 때는 뒤에 형용사를 쓴다

ex. We **feel happy** when we are together. 우리는 함께 있을 때 행복하다.

❸ 「had + p.p.[과거분사]」는 과거의 특정 시점보다 먼저 일어난 일을 나타낼 때 사용하는 과거완료 시제이다.

ex. The train **had** already **left** when I got to the station. 내가 역에 도착했을 때 기차가 이미 떠났다.

❹ 「because of + 명사(구)」는 '~ 때문에'를 의미한다.

ex. We stayed home **because of** rain. 우리는 비 때문에 집에 머물렀다.

본문 해석

Betty가 그녀의 침실에 들어갔을 때, 그녀는 창문이 깨져 있는 것을 알아차렸다. 그리고 바닥에는 죽은 새 한 마리가 있었다. "불쌍한 새!" Betty는 매우 슬프게 느꼈다. 이런 일은 전에도 여러 번 일어났다. 그녀의 침실 창문은 나무 옆에 있다. 새들은 창문을 볼 수 없었기 때문에 종종 그 창문으로 날아들곤 했다. 그때 Betty에게 좋은 생각이 떠올랐다. 그녀는 창문 위에 그림을 그리기로 결심했다. 그녀는 그 위에 크고

형형색색의 꽃들을 그렸다. 이제, 새들이 그 창문에 부딪히지 않는다. 그 형형색색의 그림들 때문에, 새들은
그 창문을 볼 수 있다.

GRAMMAR 36쪽

문제 정답

1 (1) 그들은 그것을 볼 수 없었기 때문에

(2) 만약 누군가가 가짜 동영상을 공유하면

2 (1) because I am sick

(2) if you need my help

(3) because he didn't eat breakfast

문제 해설

1 (1) because는 '~ 때문에'를 의미하는 접속사로, 「because + 주어 + 동사」로 쓴다.

새들은 그 창문을 볼 수 없었기 때문에 종종 그것으로 날아들곤 했다.

(2) if는 '만약 ~하면'을 의미하는 접속사로, 「if + 주어 + 동사」로 쓴다.

만약 누군가가 가짜 동영상을 공유하면, 그것은 문제를 일으킬 수 있다.

2 (1) because는 '~ 때문에'를 의미하는 접속사로, 「because + 주어 + 동사」로 쓴다.

(2) if는 '만약 ~하면'을 의미하는 접속사로, 「if + 주어 + 동사」로 쓴다.

(3) because는 '~ 때문에'를 의미하는 접속사로, 「because + 주어 + 동사」로 쓴다.

WORDS 37쪽

문제 정답

01 1. carry 2. touch   **02** 1. lovely 2. right   **03** 1. comfortable 2. empty

문제 해석

01 1. 이 가방은 너무 무거워요. 내가 그것을 <u>들고 가는</u> 것을 도와주세요.

2. 그 컵을 <u>만지지</u> 마라. 그것은 뜨겁다.

02 1. 그 아기는 <u>사랑스러워</u> 보인다.

2. 너의 답은 <u>옳지</u> 않다. 그것은 틀렸다.

03 1. 이 소파는 부드럽고 <u>편하다</u>.

2. 그 유리잔 안에는 아무것도 없다. 그것은 <u>텅 비었다</u>.

---

13 엄마 침팬지의 사랑 38쪽

문제 정답

1 ②   **2** touch

문제 해석

1 이 글은 자신의 죽은 아기에게 계속 사랑과 관심을 보여주는 엄마 침팬지에 관한 내용으로, Natalia forgets her baby.(Natalia는 그녀의 아기를 잊는다.)는 본문의 내용과 일치하지 않는다.

① Natalia는 엄마 침팬지이다.

③ Natalia는 그녀의 아기를 항상 데리고 다닌다.

④ Natalia는 그녀의 죽은 아기에게 사랑을 보여준다.

⑤ 사람들은 Natalia를 안타깝게 생각한다.

2 '무언가의 위에 손을 대다(to put your hand on something)'를 의미하는 단어는 touch(만지다)이다.

직독 직해

In a zoo / in Spain, / there is a mother chimpanzee. / Her name is Natalia. / She had
한 동물원에 / 스페인의 / 엄마 침팬지 한 마리가 있다 / 그녀의 이름은 Natalia이다 / 그녀는 아기를

a baby, / but the baby died / two weeks later. / Surprisingly, / Natalia still ❶ shows it
낳았다 / 하지만 그 아기는 죽었다 / 2주 후에 / 놀랍게도 / Natalia는 그것에게 여전히

love and care. / She carries her baby / everywhere. / She also touches and kisses
사랑과 관심을 보여준다 / 그녀는 그녀의 아기를 데리고 간다 / 어디든 / 그녀는 그것을 만지고 입을 맞추기도 한다 /

it. / People at the zoo / understand her feelings. / They feel ❷ as sad / as Natalia.
동물원의 사람들은 / 그녀의 감정을 이해한다 / 그들은 슬프게 느낀다 / Natalia만큼 /

구문 설명

❶ 「show + A + B」는 'A에게 B를 보여주다'라는 의미이다

ex. I **showed them my pictures**. 나는 그들에게 내 사진들을 보여주었다.

❷ 원급은 두 대상의 동등함을 나타내는 표현으로, 「as + 형용사 + as」로 쓰고 '~만큼 …한'으로 해석한다.

ex. Mike is **as fast as** his brother. Mike는 그의 형만큼 빠르다.

스페인의 한 동물원에 엄마 침팬지 한 마리가 있다. 그녀의 이름은 Natalia이다. 그녀는 아기를 낳았지만, 그 아기는 2주 후에 죽었다. 놀랍게도, Natalia는 그것(그녀의 죽은 아기)에게 여전히 사랑과 관심을 보여준다. 그녀는 어디든 그녀의 아기를 데리고 간다. 그녀는 그것(그녀의 죽은 아기)을 만지고 입을 맞추기도 한다. 동물원의 사람들은 그녀의 감정을 이해한다. 그들은 Natalia만큼 슬프게 느낀다.

14 꽃과 인간의 공통점   39쪽

문제 정답

1 ③   **2** make a difference

문제 해설

1 In the same way, people of all colors are equally beautiful.(마찬가지로, 모든 피부색의 사람들도 똑같이 아름답다.)이 이 글의 주제문이므로, '모든 사람은 피부색에 관계없이 평등하다'가 글쓴이가 말하고자 하는 것으로 가장 알맞다.

2 The color doesn't make a difference.의 make a difference(중요하다)가 문맥상 알맞다.

배움에 있어서 나이는 중요하지 않다.

= 배움에 있어서 나이는 <u>중요하지</u> 않다.

직독 직해

A white flower says / to a yellow flower, "I am ❶ more beautiful / than you." / Is
흰 꽃이 말한다 / 노란 꽃에게 / 내가 더 아름다워 / 너보다 /

the white flower right? / No. / A yellow flower is as beautiful / as a white flower.
흰 꽃이 맞을까 / 그렇지 않다 / 노란 꽃은 아름답다 / 흰 꽃만큼 /

/ The color ❷ doesn't make a difference. / Flowers of all colors / are equally
색깔은 중요하지 않다 / 모든 색깔의 꽃들은 / 똑같이 아름답다 /

beautiful. / In the same way, / people of all colors / are equally beautiful. / They are
마찬가지로 / 모든 피부색의 사람들은 / 똑같이 아름답다 / 그들은

all lovely children / of Mother Nature. /
모두 사랑스러운 아이들이다 / 대자연의 /

구문 설명

❶ 두 대상을 비교하는 표현인 형용사의 비교급은 「형용사-er + than」으로 쓰고 '~보다 더 …한'으로 해석한다. 형용사 beautiful의 비교급은 more beautiful로 쓴다.

ex. This dress is **more beautiful** than that one. 이 드레스가 저 것보다 더 아름답다.

❷ 일반동사의 부정문은 「don't[do not] + 동사원형」으로 쓴다. 주어가 3인칭 단수일 때는 do 대신 does를 쓴다.

ex. Sarah **doesn't like** vegetables. Sarah는 채소를 좋아하지 않는다.

본문 해석

흰 꽃이 노란 꽃에게 말한다. "나는 너보다 더 아름다워." 흰 꽃이 맞을까? 그렇지 않다. 노란 꽃은 흰 꽃만큼 아름답다. 색깔은 중요하지 않다. 모든 색깔의 꽃들은 똑같이 아름답다. 마찬가지로, 모든 피부색의 사람들은 똑같이 아름답다. 그들은 모두 대자연의 사랑스러운 아이들이다.

15 화성에 박테리아 보내기   40~41쪽

문제 정답 1 ①   2 (예시 답안) 햇빛을 이용하여 산소를 만들었다.   3 life

문제 해설 1 오래 전에 지구에 작은 박테리아가 나타나 산소를 만들어서 지구가 살기에 좋은 장소가 되었다는 내용이므로, '오래 전에 박테리아가 지구를 살기에 (A)좋은 장소로 바꾸어서, 우리는 화성에 (B)똑같은 일을 하기 위해 박테리아를 이용할 수 있을지도 모른다.'가 요약문으로 알맞다.

2 The bacteria made oxygen by using sunlight.(그 박테리아는 햇빛을 이용함으로써 산소를 만들었다.)로 보아, 박테리아로 인해 지구에 일어난 가장 큰 변화는 산소가 만들어진 것임을 알 수 있다.

3 No life could live on it.의 life(생명체; 생명)가 문맥상 알맞다.

(1) 안전벨트는 당신의 생명을 구해줄 수 있다.

(2) 다른 행성들에도 생명체가 있는가?

직독 직해

Long ago, / Earth was empty. / ❶There was no oxygen. / And it was as hot / as a
오래전에 /   지구는 텅 비어 있었다 /   산소가 없었다 /   그리고 그것은 뜨거웠다 /   난로만큼 /

stove. / ❷No life could live / on it. / Then, / ❸something special happened. / Tiny
    어떤 생명체도 살 수 없었다 / 그 위에서 / 그때 /   특별한 일이 일어났다 /

bacteria appeared / and changed the Earth completely. / The bacteria made oxygen /
아주 작은 박테리아가 나타났다 / 그리고 지구를 완전히 바꿨다 /   그 박테리아는 산소를 만들었다 /

by using sunlight. / As a result, / the Earth became a good place / to live. / Plants
햇빛을 이용함으로써 /   그 결과 /   지구는 좋은 장소가 되었다 /   살기에 /

and animals started / to show up. / Mars is like the young Earth / in some ways. / It
식물과 동물이 시작했다 /   나타나기 /   화성은 초기의 지구와 같다 /   몇 가지 면에서 /   그것은

has no air / and no life. / ❹If we send bacteria to Mars, / they may change the planet.
공기가 없다 /   그리고 생명체도 없다 / 만약 우리가 박테리아를 화성으로 보내면 /   그것들이 그 행성을 바꿀지도 모른다 /

/ If that happens, / Mars will be as comfortable / as the Earth. / It will become a
만약 그런 일이 일어나면 / 화성은 편안해질 것이다 /   지구만큼 /   그것은 새로운 보금자리가

new home / for humans. /
될 것이다 /   인류에게 /

구문 설명

❶ 「there was + no 단수 명사/셀 수 없는 명사」는 '~이 없었다'라는 의미이다
    ex. **There was** no water in the glass. 유리잔 안에 물이 없었다.

❷ 「no + 명사」는 '전혀 ~없는'이라는 의미이다.
    ex. **No one** was in the park. 그 공원에는 아무도 없었다.

❸ -thing으로 끝나는 대명사는 형용사가 뒤에서 수식하여 「-thing + 형용사」의 형태로 쓴다.
    ex. I want **something cold**. 나는 시원한 무언가를 원한다.

❹ if는 '만약 ~하면'을 의미하는 접속사로, 「if + 주어 + 동사」로 쓴다.
    ex. Please let me know **if** you have any questions. 만약 질문이 있으면 저에게 알려주세요.

본문 해석 오래전에, 지구는 텅 비어 있었다. 산소가 없었다. 그리고 그것은 난로만큼 뜨거웠다. 어떤 생명체도 그 위에서 살 수 없었다. 그때, 특별한 일이 일어났다. 아주 작은 박테리아가 나타나 지구를 완전히 바꿨다. 그 박테리아는 햇빛을 이용함으로써 산소를 만들었다. 그 결과, 지구는 살기에 좋은 장소가 되었다. 식물과 동물이 나타나기 시작했다. 화성은 몇 가지 면에서 초기의 지구와 같다. 그것은 공기가 없고 생명체도 없다.

만약 우리가 박테리아를 화성으로 보내면, 그것들이 그 행성을 바꿀지도 모른다. 만약 그런 일이 일어나면, 화성은 지구만큼 편안해질 것이다. 그것은 인류에게 새로운 보금자리가 될 것이다.

GRAMMAR

42쪽

문제 정답

1 (1) sad as   (2) as   (3) more beautiful

2 (1) as heavy as

(2) faster than his brother

(3) more difficult than

문제 해설

1 (1) 원급은 「as + 형용사 + as」로 쓰고 '~만큼 …한'으로 해석한다.

사람들은 Natalia만큼 슬프다.

(2) 원급은 「as + 형용사 + as」로 쓰고 '~만큼 …한'으로 해석한다.

햇빛이 난로만큼 뜨거웠다.

(3) 형용사 beautiful의 비교급은 more beautiful로 쓴다.

나는 너보다 더 아름다워.

2 (1) '~만큼 …한'을 의미하는 원급은 「as + 형용사 + as」로 쓴다.

(2) '~보다 더 …한'을 의미하는 비교급은 「형용사-er + than」으로 쓴다.

(3) 형용사 difficult의 비교급은 more difficult로 쓴다.

문제 정답   **01** 1. number   2. team   **02** 1. seat   2. get on   **03** 1. sense of smell   2. tongue

문제 해석   **01** 1. 사람들은 7이 행운의 <u>숫자</u>라고 생각한다.

     2. 우리 <u>팀</u>이 축구 경기를 우승했다.

   02 1. 나는 내 <u>자리</u>를 노부인에게 내주었다.

     2. 사람들은 역에서 기차를 <u>탄다</u>.

   03 1. 개들은 좋은 <u>후각</u>을 가지고 있다.

     2. 개구리는 그것의 <u>혀</u>로 파리를 잡는다.

16   축구 선수 등번호의 숨겨진 의미   44쪽

문제 정답   **1** ④   **2** ③

문제 해설   **1** 빈칸의 뒤에 포지션에 따른 등번호를 예시로 설명하고 있으므로 '그 번호들은 <u>그 선수들의 포지션을 보여준다</u>.'가 알맞다.

     ① 그 선수들의 기술   ② 그 팀들의 기록   ③ 그 팀들의 이름   ⑤ 그 선수들의 점수

   2 What about forwards? They wear numbers 7 to 11.(공격수는 어떨까? 그들은 7번에서 11번을 단다.)이라고 했으므로, 공격수가 5번을 단다는 문장은 본문의 내용과 일치하지 않는다.

직독 직해

In sports, / players wear numbers / on their uniforms. / Their teams ❶ give them
스포츠에서 / 선수들은 등번호를 단다 / 그들의 유니폼에 / 그들의 팀이 그들에게 번호를 준다 /

numbers. / The numbers show the players' positions. / For example, / goalkeepers
그 번호들은 그 선수들의 포지션을 보여준다 / 예를 들면 / 골키퍼는 1번을 단다 /

wear number 1. / Defenders wear numbers 2 to 6. / ❷ What about forwards? / They
수비수는 2번에서 6번을 단다 / 공격수는 어떨까 /

wear numbers 7 to 11. / The number 10 is special. / The best players / such as Messi
그들은 7번에서 11번을 단다 / 10번은 특별하다 / 최고의 선수들이 / Messi와 Neymar 같은 /

and Neymar / wear that number. /
그 등번호를 단다 /

구문 설명   ❶ 「give + A + B」는 'A에게 B를 주다'를 의미한다.

     ex. I **gave him a birthday gift**. 나는 그에게 생일 선물을 주었다.

   ❷ 「What about + 명사?」는 '~은 어떤가?'라는 의미이다.

     ex. **What about** Jack? Is he doing well? Jack은 어때? 그는 잘 지내니?

본문 해석   스포츠에서 선수들은 그들의 유니폼에 등번호를 단다. 그들의 팀이 그들에게 번호를 준다. 그 번호는 <u>그 선수들의 포지션</u>을 보여준다. 예를 들면, 골키퍼는 1번을 단다. 수비수는 2번에서 6번을 단다. 공격수는

어떨까? 그들은 7번에서 11번을 단다. 10번은 특별하다. Messi와 Neymar 같은 최고의 선수들이 그 등번호를 단다.

저기, 자리 좀 양보해 주세요!

45쪽

문제 정답

1 seat　　**2** ③

문제 해설

1 The dog looked for a seat for the blind man.(그 개는 그 시각장애인 남자를 위한 자리를 찾았다.)으로 보아 그 개는 시각장애인 남자를 위한 자리(seat)를 찾고 있었음을 알 수 있다.

A 그 개는 무엇을 하고 있었는가?

B 그것은 시각장애인 남자를 위한 자리를 찾고 있었다.

2 그 개가 쳐다본 젊은 남자는 자리를 양보하지 않았기 때문에, The dog liked the young man.(그 개는 그 젊은 남자를 좋아했다.)은 본문의 내용과 일치하지 않는다.

① 그 개는 시각장애인 남자를 안내하고 있었다.

② 그 젊은 남자는 친절하지 않았다.

④ 그 어린 소녀는 친절했다.

⑤ 그 개는 매우 똑똑했다.

직독 직해

A blind man and his dog / got on a subway. / The subway was crowded / with
한 시각장애인 남자와 그의 개가 /　　지하철에 탔다 /　　그 지하철은 붐볐다 /　　　승객들로 /

passengers. / The dog looked for a seat / for the blind man. / The dog went to a
　　　　　그 개는 자리를 찾았다 /　　　그 시각장애인 남자를 위한 /　그 개는 한 젊은 남자에게 갔다 /

young man / ❶ and looked at him, / but he didn't stand up. / The dog moved to a
　　　　　그리고 그를 쳐다봤다 /　　하지만 그는 일어나지 않았다 /　그 개는 한 어린 소녀에게로 이동했다 /

little girl / and looked at her. / The girl saw the blind man and the dog / and smiled /
　　　그리고 그녀를 바라보았다 /　그 소녀는 그 시각장애인 남자와 그 개를 보았다 /　　그리고 미소를 지었다 /

❷ warmly. / She gave the man her seat. /
　따뜻하게 /　그녀는 그 남자에게 자신의 자리를 내주었다 /

구문 설명

❶ 접속사 and는 문법적으로 동등한 형태의 단어, 구, 절을 연결할 수 있다. 여기서는 and가 두 개의 절을 연결하고 있으며, looked 앞에는 반복되는 주어인 the dog이 생략되었다.

ex. When I get up, I brush my teeth **and** (I) wash my face. 나는 일어나면 양치질을 하고 세수를 한다.

❷ warmly(따뜻하게)는 부사로 동사 smiled를 수식한다.

ex. He greeted us **warmly**. 그는 우리를 따뜻하게 맞이해 주었다.

본문 해석

한 시각장애인 남자와 그의 개가 지하철에 탔다. 그 지하철은 승객들로 붐볐다. 그 개는 그 시각장애인 남자를 위한 자리를 찾았다. 그 개는 한 젊은 남자에게 가서 그를 쳐다봤지만, 그는 일어나지 않았다. 그 개는 한 어린 소녀에게로 이동하여 그녀를 바라보았다. 그 소녀는 그 시각장애인 남자와 그 개를 보고 따뜻하게 미소를 지었다. 그녀는 그 남자에게 자신의 자리를 내주었다.

18 폭탄을 탐지하는 꿀벌들

46~47쪽

문제 정답

1 ①　　**2** ②　　**3** E(e)xercise

문제 해설

1 They use their strong sense of smell to find bombs.(그들은 폭탄을 찾기 위해서 그들의 강한 후각을 사용한다.)로 보아 벌들이 훈련할 때 후각을 사용한다는 것을 알 수 있다.

2 그들(사람들)은 그 벌들이 폭탄 냄새를 맡을 때 그 벌들에게 맛있는 먹이를 준다.(They give the bees yummy food when the bees smell a bomb.)고 했으므로, '그들이 폭탄 냄새를 맡을 때 특별한 음식을 받는다는 것을 학습한다(the bees learn they will get a treat when they smell a bomb)'가 문맥상 자연스럽다.

① 그들이 빨리 날 때

③ 그들이 집으로 돌아올 때

④ 그들이 많은 꿀을 만들 때

⑤ 그들이 달콤한 먹이를 먹지 않을 때

3 After doing this exercise a few times(이 훈련을 몇 번 한 후에)의 exercise(훈련; 운동)가 문맥상 알맞다.

(1) <u>운동</u>은 당신을 건강하게 만든다.

(2) 침착함을 유지하는 것은 자제력에 대한 <u>훈련</u>이다.

직독 직해

Did you know / bees can find bombs? / It's true! / Bees are very good at smelling. /
당신은 알았는가 /　　벌들이 폭탄을 찾을 수 있다는 것을 / 그것은 사실이다 / 벌들은 냄새를 매우 잘 맡는다 /

They use their strong sense of smell / ❶ to find bombs. / How do people train the
그들은 그들의 강한 후각을 사용한다 /　　　　　폭탄을 찾기 위해서 /　　사람들은 벌들을 어떻게 훈련시킬까 /

bees? / They ❷ give the bees yummy food / when the bees smell a bomb. / After
　　　그들은 그 벌들에게 맛있는 먹이를 준다 /　　　　그 벌들이 폭탄 냄새를 맡을 때 /

doing this exercise / a few times, / the bees learn / they will get a treat / when they
이 훈련을 한 후에 /　　여러 번 /　　그 벌들은 학습한다 /　　그들이 특별한 먹이를 받을 것이라는 것을 /

smell a bomb. / When the bees smell a bomb, / they stick out their tongues / because
그들이 폭탄 냄새를 맡을 때 / 그 벌들은 폭탄 냄새를 맡을 때 /　　　그들은 자신들의 혀를 내민다 /

they expect food. / These special bees ❸ are called "sniffer bees." / Isn't that cool? /
그들이 먹이를 기대하기 때문에 / 이 특별한 벌들은 '냄새 탐지 벌'이라고 불린다 /　　　그것은 멋지지 않은가 /

These little helpers can ❹ keep us safe! /
이 작은 도우미들은 우리를 안전하게 지켜줄 수 있다 /

구문 설명

❶ to부정사[to + 동사원형]는 '~하기 위해서'라는 목적의 뜻을 나타낼 수 있다.

　　ex. He tried hard **to succeed**. 그는 성공하기 위해서 열심히 노력했다.

❷ 「give + A + B」는 'A에게 B를 주다'를 의미한다.

　　ex. I **gave him a birthday gift**. 나는 그에게 생일 선물을 주었다.

❸ 「be동사 + 과거분사」는 '~되다'를 의미하는 수동의 의미를 나타낸다.

　　ex. The house **was built** last year. 그 집은 작년에 지어졌다.

❹ 「keep + 목적어 + 형용사」는 '~을 …하게 유지하다[지키다]'라는 의미이다.

　　ex. The fan **keeps my room cool**. 그 선풍기는 내 방을 시원하게 유지해 준다.

본문 해석

당신은 벌들이 폭탄을 찾을 수 있다는 것을 알았는가? 그것은 사실이다! 벌들은 냄새를 매우 잘 맡는다. 그들은 폭탄을 찾기 위해서 그들의 강한 후각을 사용한다. 사람들은 벌들을 어떻게 훈련시킬까? 그들은 그 벌들이 폭탄 냄새를 맡을 때 그 벌들에게 맛있는 먹이를 준다. 이 훈련을 여러 번 한 후에, 그 벌들은 그들이 폭탄 냄새를 맡을 때, 특별한 먹이를 받을 것이라는 것을 학습한다. 그 벌들은 폭탄 냄새를 맡을 때, 먹이를 기대하기 때문에 자신들의 혀를 내민다. 이 특별한 벌들은 '냄새 탐지 벌'이라고 불린다. 그것은 멋지지 않은가? 이 작은 도우미들은 우리를 안전하게 지켜줄 수 있다!

GRAMMAR

문제 정답

1 (1) the players　　(2) to me　　(3) her seat

2 (1) gave my brother a toy

(2) birthday gifts to Sarah

(3) Christmas cards to his friends

문제 해설

1 (1) 'A에게 B를 주다'는 「give + A + B」로 쓴다.

그 팀이 그 선수들에게 번호를 준다.

(2) 'A에게 B를 주다'는 「give + B + to + A」로 쓸 수 있다.

나의 부모님이 나에게 크리스마스 선물을 주었다.

(3) 'A에게 B를 주다'는 「give + A + B」로 쓴다.

그녀는 그 시각장애인 남자에게 그녀의 자리를 양보했다.

2 (1) 'A에게 B를 주다'는 「give + A + B」로 쓴다.

(2) 'A에게 B를 주다'는 「give + B + to + A」로 쓸 수 있다.

(3) 'A에게 B를 주다'는 「give + B + to + A」로 쓸 수 있다.

WORDS 49쪽

문제 정답

01 1. climate   2. get hotter   **02** 1. next   2. worry about   **03** 1. ground   2. swallow

문제 해석

01 1. 아프리카는 무더운 기후를 가지고 있다.

2. 여름에는 날이 점점 더워진다.

02 1. 내 친구가 옆집에 산다.

2. 나에 대해 걱정하지 마라. 나는 괜찮을 것이다.

03 1. 비가 왔다. 땅 위에 물이 있다.

2. 뜨거운 음식을 너무 빨리 삼키지 마라.

---

19 한국에도 열대 과일이 자란다 50쪽

문제 정답

1 ④   2 grow

문제 해설

1 지구가 더 더워지면서 한국의 기후도 열대 과일을 재배할 만큼 따뜻해졌다는 내용이므로, '지구 온난화'가 글의 내용과 가장 관련이 있다.

2 But now Korean farmers can grow them과 Now, some tropical fruits can grow well in Korea.의 grow(재배하다; 자라다)가 문맥상 알맞다.

(1) 그 농부들은 감자를 재배한다.

(2) 이 나무들은 덥고 비가 많이 오는 곳에서 가장 잘 자란다.

직독 직해

Mangoes and papayas are tropical fruits. / They come from the hot countries / of
망고와 파파야는 열대 과일들이다 / 　　　　　　　　　　그것들은 더운 나라에서 온다 /

Southeast Asia. / But now / Korean farmers can grow them. / How is this possible? /
동남아시아의 / 　　하지만 이제 /　한국의 농부들은 그것들을 재배할 수 있다 / 　어떻게 이것이 가능할까 /

Is Korea warm enough? / Yes, it is. / And ❶ here is the reason. / The Earth is getting
한국이 충분히 따뜻한가 / 　　그렇다 / 　그리고 여기에 그 이유가 있다 / 　　지구는 점점 더워지고 있다 /

hotter. / This ❷ makes the Korean climate hotter, / too. / Now, / some tropical fruits
　　　　이것은 한국의 기후를 더 덥게 만든다 / 　　　또한 / 　이제 / 　몇몇 열대 과일들은 잘 자랄 수

can grow well / in Korea. /
있다 / 　　　　한국에서 /

구문 설명

❶ 「here is + 단수 명사」는 '여기 ~이 있다'라는 의미이다.

ex. **Here is** your pencil. 여기 네 연필이 있다.

❷ 「make + 목적어 + 형용사」는 '~을 …하게 만들다'를 의미한다. hotter는 hot(더운)의 비교급으로 '더 더운'을 의미한다.

ex. The heater **made the room warm**. 그 난방기는 그 방을 따뜻하게 만들었다.

망고와 파파야는 열대 과일들이다. 그것들은 동남아시아의 더운 나라에서 온다. 하지만 이제 한국의 농부들은 그것들을 재배할 수 있다. 어떻게 이것이 가능할까? 한국이 충분히 따뜻한가? 그렇다. 그리고 여기에 그 이유가 있다. 지구는 점점 더워지고 있다. 이것은 한국의 기후도 더 덥게 만든다. 이제 몇몇 열대 과일들은 한국에서 잘 자랄 수 있다.

20 내 기도가 할아버지에게 닿기를!

51쪽

문제 정답

1 ⑤ **2** ③

문제 해설

1 Sometimes Grandpa gave him chocolate. John's mom didn't say anything to make Grandpa happy.(때때로 할아버지가 그에게 초콜릿을 주었다. John의 엄마는 할아버지를 기쁘게 만들기 위해서 아무 말도 하지 않았다.)라고 했으므로, 할아버지가 주셨을 때는 엄마가 John이 초콜릿을 먹도록 허락했음을 알 수 있다.

2 Grandpa in the next room can't hear very well(하지만 옆방에 계신 할아버지는 잘 못 들으세요)이라고 했으므로, 옆방의 할아버지에게 잘 들리도록 큰 소리로 기도를 했음을 알 수 있다.

직독 직해

John loved chocolate. / But his mom worried about his teeth. / Sometimes / ❶ Grandpa
John은 초콜릿을 아주 좋아했다 / 하지만 그의 엄마는 그의 치아에 대해 걱정했다 / 때때로 / 할아버지가

gave him chocolate. / John's mom didn't say ❷ anything / to make Grandpa happy. /
그에게 초콜릿을 주었다 / John의 엄마는 아무 말도 하지 않았다 / 할아버지를 기쁘게 만들기 위해서 /

John's birthday was coming / soon. / In his room, / John prayed loudly, / "God, / please
John의 생일이 다가오고 있었다 / 곧 / 그의 방에서 / John은 큰 소리로 기도했다 / 하느님 /

give me chocolate / for my birthday!" / His mom asked, / "❸ Why are you shouting,
저에게 초콜릿을 주세요 / 제 생일에 / 그의 엄마는 물었다 / 왜 너는 소리를 지르고 있니 /

John? / God can hear well." / John said, / "I know, / but Grandpa in the next room
John / 하느님은 잘 들으실 수 있단다 / John은 말했다 / 저도 알아요 / 하지만 옆방에 계신 할아버지는 /

can't hear very well." /
잘 못 들으세요 /

구문 설명

❶ 가족 관계를 나타내는 말이 특정한 인물을 가리키거나 호칭으로 쓰일 때는 첫 글자를 대문자로 쓴다.

ex. **Mom**, can I play with my friends? 엄마, 저 친구들과 놀아도 돼요?

❷ anything은 부정문과 의문문에 쓰여 '아무것도, 무엇인가'를 의미한다.

ex. He didn't eat **anything** today. 그는 오늘 아무것도 먹지 않았다.

❸ 「am/are/is + 동사원형-ing」은 현재 '~하고 있다'라는 의미를 나타내는 현재진행형으로, 의문문에서는 be동사를 주어의 앞에 쓴다.

ex. What **are** you **doing** now? 너는 지금 무엇을 하고 있니?

본문 해석

John은 초콜릿을 아주 좋아했다. 하지만 그의 엄마는 그의 치아에 대해 걱정했다. 때때로 할아버지가 그에게 초콜릿을 주었다. John의 엄마는 할아버지를 기쁘게 만들기 위해서 아무 말도 하지 않았다. John의 생일이 곧 다가오고 있었다. John은 그의 방에서 큰 소리로 기도했다. "하느님, 제 생일에 저에게 초콜릿을 주세요!" 그의 엄마는 물었다. "왜 너는 소리를 지르고 있니, John? 하느님은 잘 들으실 수 있단다." John은 말했다. "저도 알아요, 하지만 옆방에 계신 할아버지는 잘 못 들으세요."

21 생태계의 순환 52~53쪽

문제 정답   **1** (1) mouse   (2) eagle   **2** ④   **3** swallow

문제 해설

1 쥐가 옥수수를 먹고, 그 쥐를 뱀이 잡아먹고, 그 뱀을 독수리가 잡아먹은 후, 독수리의 똥이 땅을 건강하게 만들어서 새 옥수수로 먹이 사슬이 다시 시작된다는 내용이므로, 빈칸에는 각각 mouse(쥐)와 eagle(독수리)이 들어가는 것이 알맞다.

2 본문의 밑줄 친 This cycle은 옥수수에서 독수리로 연결되는 '생태계의 먹이 사슬'을 의미한다.

3 '음식물을 입에서 위장으로 이동시키다(to move food from your mouth to your stomach)'를 의미하는 단어는 swallow(삼키다)이다.

직독 직해

A mouse ❶ **is eating** corn. / Suddenly / a hungry snake comes along. / Yum! / The
쥐 한 마리가 옥수수를 먹고 있다 /　　　갑자기 /　　배고픈 뱀이 나타난다 /　　　　맛있겠군 /

snake loves eating mice / and swallows him / quickly. / But the snake doesn't ❷ **realize** /
그 뱀은 쥐를 잡아먹는 것을 너무 좋아한다 / 그래서 그를 삼켜버린다 / 재빨리 /　하지만 그 뱀은 깨닫지 못한다 /

that an eagle is watching him / from the sky. / The eagle likes eating snakes. / She
독수리 한 마리가 자신을 지켜보고 있다는 것을 / 하늘에서 /　　그 독수리는 뱀을 잡아먹는 것을 좋아한다 /

flies toward the snake / and eats him. / The eagle poops / on the ground. / The poop
그녀는 그 뱀을 향해 날아간다 /　그리고 그를 잡아먹는다 / 그 독수리는 똥을 싼다 /　땅 위에 /

❸ **keeps the ground good and healthy**. / New corn grows / from the good soil. / Now /
　그 똥은 땅을 좋고 건강하게 유지해 준다 /　　　새 옥수수가 자란다 /　그 좋은 흙으로부터 /　　이제 /

we are back to the start of the food chain / with new corn. / Soon, / ❹ **another mouse**
우리는 먹이 사슬의 시작점으로 돌아왔다 /　　　　새로운 옥수수와 함께 / 곧 /　　또 다른 쥐가

will come along, / and then a snake, / and then an eagle. / This cycle of life will go
나타날 것이다 /　　그다음에는 뱀이 /　　그다음에는 독수리가 /　이 생명의 순환은 계속될 것이다 /

on / forever. /
　　영원히 /

구문 설명

❶ 「am/are/is + 동사원형-ing」은 현재 '~하고 있다'라는 의미를 나타내는 현재진행형이다.

　　ex. They **are playing** computer games. 그들은 컴퓨터 게임을 하고 있다.

❷ 접속사 that은 「that + 주어 + 동사」로 쓰여 '~라는 것'을 의미한다. 동사 realize(깨닫다)는 접속사 that이 이끄는 문장을 목적어로 쓸 수 있다.

　　ex. I **realized that** I made a mistake. 나는 내가 실수를 했다는 것을 깨달았다

❸ 「keep + 목적어 + 형용사」는 '~을 …하게 유지하다'를 의미한다.

　　ex. The boots **keep** my feet **warm**. 그 부츠는 내 발을 따뜻하게 유지해 준다.

❹ 「another + 단수 명사」는 '또 하나의(한 사람의) ~'라는 의미이다.

　　ex. She bought **another dress**. 그녀는 드레스를 하나 더 샀다.

본문 해석

쥐 한 마리가 옥수수를 먹고 있다. 갑자기 배고픈 뱀이 나타난다. 맛있겠군! 그 뱀은 쥐를 잡아먹는 것을 너무 좋아해서 재빨리 그를 삼켜버린다. 하지만 그 뱀은 독수리 한 마리가 하늘에서 자신을 지켜보고 있다는 것을 깨닫지 못한다. 그 독수리는 뱀을 잡아먹는 것을 좋아한다. 그녀는 그 뱀을 향해 날아가서 그를 잡아먹는다. 그 독수리는 땅 위에 똥을 싼다. 그 똥은 땅을 좋고 건강하게 유지해 준다. 그 좋은 흙으로부터 새 옥수수가 자란다. 이제 우리는 새로운 옥수수와 함께 먹이 사슬의 시작점으로 돌아왔다. 곧, 또 다른

쥐가 나타날 것이고, 그다음에는 뱀이, 그다음에는 독수리가 나타날 것이다. 이 생명의 순환은 영원히
계속될 것이다.

54쪽

GRAMMAR

문제 정답

1 (1) 할아버지를 기쁘게 만들다

(2) 땅을 건강하게 유지해 준다

2 (1) makes my room cool

(2) keep food fresh

(3) made the children happy

문제 해설

1 (1) 「make + 목적어 + 형용사」는 '~을 …하게 만들다'라는 의미이다.

John의 엄마는 할아버지를 기쁘게 만들기 위해서 아무 말도 하지 않았다.

(2) 「keep + 목적어 + 형용사」는 '~을 …하게 유지하다'라는 의미이다.

그 똥은 땅을 건강하게 유지해 준다.

2 (1) 「make + 목적어 + 형용사」는 '~을 …하게 만들다'라는 의미이다.

(2) 「keep + 목적어 + 형용사」는 '~을 …하게 유지하다'라는 의미이다.

(3) 「make + 목적어 + 형용사」는 '~을 …하게 만들다'라는 의미이다.

문제 정답
01 1. ready 2. popular   **02** 1. win 2. luck   **03** 1. approach 2. uncomfortable

문제 해석
01 1. 자, 저녁식사가 준비되었어!
2. 한국 음식은 전 세계적으로 인기 있다.
02 1. 누가 오늘 그 경기에서 우승할까?
2. 네잎클로버는 행운을 의미한다.
03 1. 그 큰 개에게 다가가지 마라.
2. 이 재킷은 너무 작기 때문에 불편하다.

22 AI로 증명사진 만들기 — 56쪽

문제 정답
1 ⑤   2 ④

문제 해설
1 AI를 이용하여 증명사진을 만드는 과정과 특징을 설명하고 있으므로, AI pictures are popular with children. (AI 사진은 아이들에게 인기 있다.)은 문맥상 어색하다.
2 AI가 사진을 만들 때 헤어스타일을 바꾼다는 내용은 언급되지 않았다.

직독 직해

Do you need a new ID photo? / Just give / one of your pictures / to AI. / AI will look
당신은 새로운 증명사진이 필요한가 / 주기만 하라 / 당신의 사진들 중의 하나를 / AI에게 / AI가 그것을 볼

at it / and ❶ make a nice ID photo / for you / quickly. / AI can change your clothes.
것이다 / 그리고 멋진 증명사진을 만들어 줄 것이다 / 당신에게 / 빨리 / AI는 당신의 옷을 바꿔줄 수 있다

It can also ❷ make you smile. / You may not like / some parts of the background. / AI
그것은 당신이 미소를 짓도록 만들 수도 있다 / 당신은 마음에 들지 않을지도 모른다 / 그 배경의 몇몇 부분들이 / AI

can change or even erase them, / too. / (AI pictures are popular with children.) Now
가 그것들을 바꾸거나 심지어 지울 수 있다 / 또한 / (AI 사진은 아이들에게 인기 있다. /)

your photo is ready! / Just download it. / It is quick and simple.
이제 당신의 사진이 준비되었다 / 그것을 다운로드만 하면 된다 / 그것은 빠르고 간단하다

구문 설명
❶ 「make A for B」는 'A를 B에게 만들어주다'라는 의미이다.
ex. Mom **made** a pie **for** us. 엄마는 우리에게 파이를 만들어 주셨다.
❷ 「make + 목적어 + 동사원형」은 '~이 …하도록 만들다'를 의미한다.
ex. My friends always **make me laugh.** 내 친구들은 항상 내가 웃게 만든다.

본문 해석
당신은 새로운 증명사진이 필요한가? 당신의 사진들 중의 하나를 AI에게 주기만 하라. AI가 그것을 보고 당신에게 멋진 증명사진을 빨리 만들어 줄 것이다. AI는 당신의 옷을 바꿔줄 수 있다. 그것은 당신이 미소를

짓도록 만들 수도 있다. 당신은 그 배경의 몇몇 부분들이 마음에 들지 않을지도 모른다. AI가 그것들을 바꾸거나 심지어 지울 수도 있다. (AI 사진은 아이들에게 인기 있다.) 이제 당신의 사진이 준비되었다! 그것을 다운로드만 하면 된다. 그것은 빠르고 간단하다.

23 파란색의 다양한 의미 57쪽

문제 정답

1 (1) T　(2) T　(3) T　(4) F　**2** athlete

문제 해설

1 (1) Long ago, people believed the blue sky was the home of the gods.(오래전에, 사람들은 파란 하늘을 신들의 집이라고 믿었다.)라고 했으므로, 본문의 내용과 일치한다.

(2) So blue made them feel happy.(그래서 파란색은 그들을 행복하게 느끼도록 만들었다.)라고 했으므로, 본문의 내용과 일치한다.

(3) In the West, many people still think that blue brings good luck. Some athletes wear blue to win.(서양에서는 많은 사람들이 파란색이 행운을 가져다 준다고 여전히 생각한다. 몇몇 운동선수들은 우승하기 위해서 파란색을 입는다.)이라고 했으므로, 본문의 내용과 일치한다.

(4) In China, however, blue can mean a new start or death.(하지만 중국에서는 파란색이 새로운 시작이나 죽음을 의미할 수 있다.)라고 했으므로, 본문의 내용과 일치하지 않는다.

2 '운동을 하는 사람(someone who plays sports)'을 의미하는 단어는 athlete(운동선수)이다.

직독 직해

Long ago, / people believed / the blue sky was the home of the gods. / So blue made
오래전에 / 사람들은 믿었다 / 파란 하늘이 신들의 고향이다 / 그래서 파란색은 그들을

them feel happy. / In the West, / many people still think / that blue brings good luck. /
행복하게 느끼도록 만들었다 / 서양에서는 / 많은 사람들이 여전히 생각한다 / 파란색이 행운을 가져다 준다 /

Some athletes wear blue / ❶ to win. / In China, / however, / blue can mean a new
몇몇 운동선수들은 파란색을 입는다 / 우승하기 위해서 / 중국에서는 / 하지만 / 파란색이 새로운 시작이나 죽음을

start or death. / So people ❷ sometimes wear blue / at funerals. / Blue is a cool
의미할 수 있다 / 그래서 사람들은 때때로 파란색을 입는다 / 장례식에서 / 파란색은 멋진 색이다 /

color. / It can mean many things / around the world. /
그것은 많은 것을 의미할 수 있다 / 전 세계적으로 /

구문 설명

❶ to부정사[to + 동사원형]는 '~하기 위해서'라는 목적의 뜻을 나타낼 수 있다.

ex. I went to the library **to borrow** some books. 나는 책을 몇 권 빌리기 위해서 도서관에 갔다.

❷ sometimes는 '때때로'를 의미하는 빈도부사이다. 빈도부사는 주로 일반동사의 앞에 쓴다.

ex. They **sometimes** have sandwiches for lunch. 그들은 때때로 점심으로 샌드위치를 먹는다.

본문 해석

오래전에, 사람들은 파란 하늘이 신들의 집이라고 믿었다. 그래서 파란색은 그들을 행복하게 느끼도록 만들었다. 서양에서는 많은 사람들이 파란색이 행운을 가져다 준다고 여전히 생각한다. 몇몇 운동선수들은 우승하기 위해서 파란색을 입는다. 하지만 중국에서는 파란색이 새로운 시작이나 죽음을 의미할 수 있다. 그래서 사람들은 때때로 장례식에서 파란색을 입는다. 파란색은 멋진 색이다. 그것은 전 세계적으로 많은 것을 의미할 수 있다.

24 새 친구를 사귀려면 눈을 맞추세요 · 58~59쪽

문제 정답

1 contact, friends　　**2** ③　　**3** (1) T　(2) F　(3) T　　**4** approach

문제 해설

1 이 글은 파티에서 새 친구를 사귀고 싶으면 눈을 맞추고 미소를 지으라는 내용이므로, '파티에서 <u>친구들을</u> 사귀기 위해서는 눈맞춤과 미소를 사용하라.'가 요약문으로 알맞다.

2 But don't look at them for too long.(하지만 그들을 너무 오래 쳐다보지 마라.)은 당신을 쳐다보는 사람이 마음에 들면 그들을 다시 바라보라는 문장 다음에 들어가는 것이 문맥상 가장 알맞다.

3 (1) If you like them, look back at them.(만약 당신이 그들이 마음에 들면, 그들을 다시 바라보라.)이라고 했으므로, 본문의 내용과 일치한다.

(2) But don't look at them for too long. This can make them feel uncomfortable.(하지만 그들을 너무 오래 쳐다보지 마라. 이것은 그들을 불편하게 느끼도록 만들 수 있다.)이라고 했으므로, 본문의 내용과 일치하지 않는다.

(3) Then just smile when you look at people. This will help them approach you more easily.(그렇다면 당신이 사람들을 바라볼 때 단지 미소를 지어라. 이것은 그들이 당신에게 더 쉽게 다가오도록 도울 것이다.)라고 했으므로, 본문의 내용과 일치한다.

4 '무언가를 향해 오거나 가다(to come or go towards something)'를 의미하는 단어는 approach(다가가다)이다.

직독 직해

You are at a party. / There are many boys and girls / around you. / This is a good
당신은 파티에 있다 /　　많은 남자아이들과 여자아이들이 있다 /　　당신의 주위에 /　　이것은 좋은 기회이다 /

chance / ❶ **to make** new friends. / How do you start? / Use eye contact. / If people
　　　　새로운 친구들을 사귈 /　　당신은 어떻게 시작할까 /　　눈을 마주쳐라 /　　만약 사람들이

look at you / often, / they may be interested in you. / If you like them, / look back at
당신을 쳐다보면 /　자주 /　그들은 당신에게 관심이 있을지도 모른다. /　만약 당신이 그들이 마음에 들면 / 그들을 다시

them. / But ❷ **don't look at** them / for too long. / This can make them feel
바라보라 / 하지만 그들을 쳐다보지 마라 /　　너무 오래 /　　이것은 그들을 불편하게 느끼도록 만들 수 있다 /

uncomfortable. / Do you want / to ❸ **make your eye contact more friendly**? / Then
　　　　　당신은 원하는가 /　　당신의 눈맞춤을 더 다정하게 만들기를 /　　　　　　　　　그렇다면

just smile / when you look at people. / This will ❹ **help them approach** you / more
그저 미소를 지어라 / 당신이 사람들을 바라볼 때 /　　이것은 그들이 당신에게 다가오도록 도울 것이다 /　　더 쉽게 /

easily. /

구문 설명

❶ to부정사[to + 동사원형]는 앞에 있는 명사(구)를 수식하는 형용사처럼 쓰일 수 있다. a good chance to make는 to make가 앞에 있는 a good chance를 수식하여 '(친구들을) 사귈 좋은 기회'를 의미한다.

　ex. I need some water **to drink**. 나는 마실 물이 조금 필요하다.

❷ 「don't + 동사원형 ~.」은 상대방에게 '~하지 마라'라고 금지하는 부정 명령문이다.

　ex. **Don't drink** too much soda. 탄산음료를 너무 많이 마시지 마라.

❸ 「make + 목적어 + 형용사」는 '~을 …하게 만들다'를 의미한다. more friendly는 형용사 friendly(친근한)의 비교급으로 '더 친근한'을 의미한다.

　ex. Her smile **made us happy**. 그녀의 미소는 우리를 기쁘게 만들었다.

❹ 「help + 목적어 + 동사원형/to부정사」는 '~이 …하는 것을 돕다'라는 의미이다.
    ex. I **helped** him **(to) do** his homework. 나는 그가 숙제를 하는 것을 도왔다.

당신은 파티에 있다. 당신의 주위에 많은 남자아이들과 여자아이들이 있다. 이것은 새로운 친구들을 사귈 좋은 기회이다. 당신은 어떻게 시작할까? 눈을 마주쳐라. 만약 사람들이 당신을 자주 쳐다보면, 그들은 당신에게 관심이 있을지도 모른다. 만약 당신이 그들이 마음에 들면, 그들을 다시 바라보라. 하지만 그들을 너무 오래 쳐다보지 마라. 이것은 그들을 불편하게 느끼도록 만들 수 있다. 당신은 당신의 눈맞춤을 더 다정하게 만들기를 원하는가? 그렇다면 당신이 사람들을 바라볼 때 그저 미소를 지어라. 이것은 그들이 당신에게 더 쉽게 다가오도록 도울 것이다.

GRAMMAR

60쪽

1 (1) smile　　(2) feel　　(3) approach

2 (1) makes us read many books

　　(2) made people laugh

　　(3) help my parents wash the dishes

1 (1) 「make + 목적어 + 동사원형」은 '~이 …하도록 만들다'를 의미한다.

　　　AI는 당신이 미소를 짓도록 만들 수 있다.

　　(2) 「make + 목적어 + 동사원형」은 '~이 …하도록 만들다'를 의미한다. made는 make의 과거형이다.

　　　파란색은 사람들이 행복하게 느끼도록 만들었다.

　　(3) 「help + 목적어 + 동사원형」은 '~이 …하는 것을 돕다'를 의미한다.

　　　미소 짓는 것은 사람들이 당신에게 쉽게 다가오도록 도울 것이다.

2 (1) 「make + 목적어 + 동사원형」은 '~이 …하도록 만들다'를 의미한다.

　　(2) 「make + 목적어 + 동사원형」은 '~이 …하도록 만들다'를 의미한다.

　　(3) 「help + 목적어 + 동사원형」은 '~이 …하는 것을 돕다'를 의미한다.

문제 정답

01 1. discover   2. map   **02** 1. name   2. deadline   **03** 1. dangerous   2. convenient

문제 해석

01 1. 과학자들은 새로운 사실들을 발견한다.

   2. 지도는 도시들과 도로들을 보여준다.

02 1. 우리는 그 고양이에게 Bella라는 이름을 지어 줄 것이다.

   2. 나는 마감 시간까지 그 일을 끝냈다.

03 1. 불을 가지고 노는 것은 위험하다.

   2. 그 상점은 나의 집에서 가까워서 쇼핑이 편리하다.

25   누가 아메리카 대륙을 발견했다고?   62쪽

문제 정답

1 ④   2 discovered

문제 해설

1 세계사 수업 시간이므로 선생님이 미국의 위치와 아메리카 대륙을 발견한 역사적 인물에 대해 묻는 것이 문맥상 가장 자연스럽다. 따라서 "Columbus did."("Columbus가 발견했어요.")가 선생님이 기대한 대답으로 가장 알맞다.

2 "누가 아메리카 대륙을 발견했니?"라고 물었으므로, "Ella가 아메리카 대륙을 발견했어요."라는 대답이 가장 알맞다. 앞에 나온 동사(구)인 discovered America의 반복을 피하기 위해 대동사 do를 쓸 수 있고, 과거 시제이므로 did를 썼다.

Ella가 했다. = Ella가 아메리카 대륙을 발견했다!

직독 직해

It's world history class. / The students gather / around a large map. / The teacher
세계사 수업 시간이다 /   학생들이 모인다 /   큰 지도 주위에 /   선생님이 그 학생들에게

❶ asks the students / to find certain countries. / He starts with Ella. / "❷ Where is
요청한다 /   특정 나라들을 찾으라고 /   그는 Ella부터 시작한다 /   미국은 어디에 있니 /

America?" / Ella points to a spot / on the map / and says, / "It's here." / "Very good,"
  Ella는 한 지점을 가리킨다 /   지도 위의 /   그리고 말한다 /   그것은 여기에 있어요 / 아주 잘했어 /

says the teacher / with a smile. / Then he asks Jack, / "Who discovered America?" /
선생님이 말한다 /   웃으며 /   그러고 나서 그는 Jack에게 묻는다 / 누가 아메리카 대륙을 발견했니 /

Jack answers, / "Ella did!" / The whole class bursts into laughter. /
Jack은 대답한다 /   Ella가 했어요 /   반 전체가 웃음을 터뜨린다 /

구문 설명

❶ 「ask + 목적어 + to부정사[to + 동사원형]」는 '~에게 …해 달라고 부탁(요청)하다'라는 의미이다.

   ex. He **asked** me **to close** the door. 그는 나에게 그 문을 닫아 달라고 부탁했다.

❷ where은 '어디에'를 의미하는 의문사이다.

   ex. **Where** do you live? 너는 어디에 사니?

본문 해석   세계사 수업 시간이다. 학생들이 큰 지도 주위에 모인다. 선생님이 그 학생들에게 특정한 나라들을 찾으라고

요청한다.

그는 Ella부터 시작한다. "미국은 어디에 있니?"

Ella는 지도 위의 한 지점을 가리키며 말한다. "그것은 여기에 있어요."

"아주 잘했어." 선생님이 웃으며 말한다.

그러고 나서 그는 Jack에게 묻는다. "누가 아메리카 대륙을 발견했니?"

Jack은 대답한다. "Ella가 했어요!"

반 전체가 웃음을 터뜨린다.

26 세계적인 회사 이름은 어떻게 지어졌을까?

63쪽

문제 정답

1 ⑤　　**2** come up with

문제 해설

1 세계적인 기업인 Apple사의 이름이 어떻게 생겨났는지에 대한 글이므로, 'Apple 이름의 탄생'이 글의 제목으로 가장 알맞다.

① Steve Jobs의 인생　② Apple의 역사　③ Steve Jobs가 가장 좋아하는 과일　④ Steve Jobs의 꿈

2 However, no one came up with an idea by the deadline.의 come up with(~을 생각해 내다)가 문맥상 알맞다.

너는 새로운 아이디어를 생각할 수 있니?

= 너는 새로운 아이디어를 <u>생각해 낼</u> 수 있니?

직독 직해

Steve Jobs started a computer company / in 1976. / However, / it did not have a
Steve Jobs는 컴퓨터 회사를 시작했다 /　　　　1976년에 /　하지만 /　　그것은 이름이 없었다 /

name / in the beginning. / One day, / he asked his team / to think of a name / for it. /
처음에 /　　　　　　어느 날 /　그는 그의 팀에게 요청했다 / 이름을 생각해 보라고 /　그것을 위한 /

He said, / "❶ Find a name / by five o'clock. / ❷ If you don't, / it'll be Apple." / The
그는 말했다 /　　이름을 찾아내세요 / 5시까지 /　　만약 여러분들이 그러지 않으면 / 그것은 Apple이 될 것입니다 /

team worked hard / to gather ideas. / However, / no one came up with an idea / by
그 팀은 열심히 노력했다 /　아이디어를 모으기 위해 /　하지만 /　아무도 아이디어를 생각해 내지 못했다 /

the deadline. / So Jobs named the company Apple. / Why Apple? / Apple was his
마감 시간까지 /　그래서 Jobs는 그 회사에 Apple이라고 이름을 지어 주었다 / 왜 Apple일까 /　사과는 그가 가장 좋아하는

favorite fruit. /
과일이었다 /

구문 설명

❶ 「동사원형 ~.」으로 시작하는 문장은 상대방에게 '~해라'라고 명령하는 명령문이다.

　　ex. **Write** your name on it. 그 위에 네 이름을 써라.

❷ if는 '만약 ~하면'을 의미하는 접속사로, 「if + 주어 + 동사」로 쓴다.

　　ex. **If** he comes, we will have a meeting. 그가 오면, 우리는 회의를 할 것이다.

본문 해석

Steve Jobs는 1976년에 컴퓨터 회사를 시작했다. 하지만 처음에 그것은 이름이 없었다. 어느 날, 그는 그의 팀에게 그것을 위한 이름을 생각해 보라고 요청했다. 그는 말했다. "5시까지 이름을 찾아내세요. 만약 여러분들이 그러지 않으면, 그것은 Apple이 될 것입니다." 그 팀은 아이디어를 모으기 위해 열심히 노력했다. 하지만, 아무도 마감 시간까지 아이디어를 생각해 내지 못했다. 그래서 Jobs는 그 회사에 Apple이라고 이름을 지어 주었다. 왜 Apple일까? 사과는 그가 가장 좋아하는 과일이었다.

27 미래의 자동차 64~65쪽

문제 정답 1 ② 2 ③ 3 safe

문제 해설

1 People want their cars to be safe. Don't worry!(사람들은 그들의 자동차가 안전하기를 원한다. 걱정하지 마라!)의 바로 뒤에 이어지는 문장이고, 그다음 내용으로 자율주행 자동차의 안전관 관련된 기술들이 소개되고 있으므로, 빈칸에 들어갈 말로 '이러한 자율주행 자동차는 <u>위험하지 않</u>을 것이다.'가 알맞다.

① 정말 빠르게 운행한다

③ 멋진 디자인을 가지고 있다

④ 그렇게 비싸지 않다

⑤ 장소를 아주 잘 찾는다

2 자율주행 자동차가 교통 신호등을 사람보다 더 잘 인식할 수 있다는 내용은 본문에 언급되지 않았다.

3 '위험에 처해 있지 않거나 해로움으로부터 멀리 있는(not in danger or away from harm)'을 의미하는 단어는 safe(안전한)이다.

직독 직해

Cars in the future / **❶ will** be very smart. / They **❷ won't** need a driver / because
미래의 자동차는 / 매우 똑똑할 것이다 / 그것들은 운전자가 필요하지 않을 것이다 /

they will run themselves. / People want their cars to be safe. / Don't worry! / These
그것들은 스스로 주행할 것이기 때문에 / 사람들은 그들의 자동차를 원한다 / 안전하기를 / 걱정하지 마라 /

self-driving cars will not be dangerous. / They will use cameras and sensors / **❸ while**
이러한 자율주행 자동차는 위험하지 않을 것이다 / 그것들은 카메라와 센서를 사용할 것이다 / 그것들이

they drive. / The cars will see the road / and communicate with one another. / This
운전하는 동안 / 그 자동차들은 도로를 볼 것이다 / 그리고 서로 정보를 교환할 것이다 /

will help them avoid accidents. / There will be no traffic lights / on the streets. / But
이것은 그것들이 사고를 피하는 것을 도울 것이다 / 신호등이 없을 것이다 / 거리에는 / 하지만

the cars will know / **❹ when to go and stop**. / Passengers can relax / in the cars. /
하지만 그 자동차들은 알 것이다 / 언제 가고 멈춰야 하는지 / 승객들은 편히 쉴 수 있다 / 그 자동차 안에서 /

They can watch videos or enjoy snacks. / The cars will be like their living rooms. /
그들은 동영상을 보거나 간식을 즐길 수 있다 / 그 자동차들은 그들의 거실과 같을 것이다 /

How convenient! /
얼마나 편리한가 /

구문 설명

❶ will은 '~할 것이다'라는 미래를 나타내는 조동사이다. 조동사 뒤에는 항상 동사원형을 쓴다.
ex. We **will** have lunch at noon. 우리는 정오에 점심을 먹을 것이다.

❷ 조동사 will(~할 것이다)의 부정형은 will not으로 쓰고, won't로 축약하여 쓸 수 있다.
ex. I **won't** go there again. 나는 그곳에 다시는 가지 않을 것이다.

❸ while은 '~하는 동안'을 의미하는 접속사로, 「while + 주어 + 동사」로 쓴다.
ex. He drank tea **while** he was reading. 그는 독서를 하는 동안 차를 마셨다.

❹ 「when + to부정사[to + 동사원형]」는 '언제 ~할지'라는 의미이다.
ex. They discussed **when to go** camping. 그들은 언제 캠핑을 갈 것인지 상의했다.

본문 해석

미래의 자동차는 매우 똑똑할 것이다. 그것들은 스스로 주행할 것이기 때문에 운전자가 필요하지 않을 것이다. 사람들은 그들의 자동차가 안전하기를 원한다. 걱정하지 마라! 이러한 자율주행 자동차는 <u>위험하지 않</u>을 것이다. 그것들은 운전하는 동안 카메라와 센서를 사용할 것이다. 그 자동차들은 도로를 보고 서로

정보를 교환할 것이다. 이것은 그것들이 사고를 피하는 것을 도울 것이다. 거리에는 신호등이 없을 것이다. 하지만 그 자동차들은 언제 가고 멈춰야 하는지 알 것이다. 승객들은 그 자동차 안에서 편히 쉴 수 있다. 그들은 동영상을 보거나 간식을 즐길 수 있다. 그 자동차들은 그들의 거실과 같을 것이다. 얼마나 편리한가!

문제 정답

1 (1) to be　　(2) to think of　　(3) to find

2 (1) asked Ann to close the window

(2) want him to become a doctor

(3) asked me to take pictures

문제 해설

1 (1) 「want + 목적어 + to부정사」는 '~이 …하기를 원하다'라는 의미이다. be동사의 to부정사는 to be로 쓴다.

사람들은 그들의 자동차가 안전하기를 원한다.

(2) 「ask + 목적어 + to부정사」는 '~에게 …해 달라고 부탁(요청)하다'라는 의미이다.

Steve는 그의 팀에게 그 회사를 위한 이름을 생각해 달라고 요청했다.

(3) 「ask + 목적어 + to부정사」는 '~에게 …해 달라고 부탁(요청)하다'라는 의미이다.

그 선생님은 나에게 지도에서 어떤 나라를 찾으라고 요청했다.

2 (1) 「ask + 목적어 + to부정사」는 '~에게 …해 달라고 부탁(요청)하다'라는 의미이다

(2) 「want + 목적어 + to부정사」는 '~이 …하기를 원하다'라는 의미이다.

(3) 「ask + 목적어 + to부정사」는 '~에게 …해 달라고 부탁(요청)하다'라는 의미이다.

문제 정답   **01** 1. pond   2. duckling   **02** 1. piece   2. search   **03** 1. chirp   2. same

문제 해석
01 1. 나는 <u>연못</u> 속에서 많은 물고기를 본다.
   2. 엄마 오리가 <u>새끼 오리</u>와 함께 헤엄친다.
02 1. 나는 점심으로 피자 한 <u>조각</u>을 먹었다.
   2. 더 많은 정보를 위해서 인터넷을 <u>검색하자</u>.
03 1. 그 새들이 나무에서 <u>짹짹거린다</u>.
   2. 쌍둥이들은 <u>똑같은</u> 생일을 가지고 있다.

28 외로운 개에게 생긴 뜻밖의 가족   68쪽

문제 정답   **1** ③   **2** follow

문제 해설
1 늙고 외로웠던 개가 엄마가 없는 새끼 오리들을 마치 아빠처럼 돌보게 되면서 더 이상 외롭지 않게 된다는 내용이므로,
'새끼 오리들의 아빠가 된 개'가 가장 알맞다.

2 From that day, they followed him everywhere.의 follow(따라가다)가 문맥상 알맞다.
   그 강아지들은 그들의 엄마 뒤를 따라간다.
   = 그 강아지들은 그들의 엄마를 <u>따라간다</u>.

직독 직해

Daniel was an old, lonely dog / in England. / He often ❶ saw ducklings swim in a
Daniel은 늙고 외로운 개였다 /   잉글랜드에 있는 /   그는 종종 새끼 오리들이 연못에서 헤엄치는 것을 보았다 /

pond. / He noticed / they were without their mother. / One day, / the ducklings came
그는 알아차렸다 / 그들이 엄마가 없다는 것을 /   어느 날 /   그 새끼 오리들이 Daniel에게

up to Daniel / and stayed close to him. / Perhaps / they saw him as their father. /
다가왔다 /   그리고 그의 가까이에 머물렀다 /   아마도 /   그들은 그를 아빠로 여겼던 것 같다 /

From that day, / they followed him / everywhere. / Daniel began / to care for them
그날부터 /   그들은 그를 따라다녔다 /   어디에나 /   Daniel은 시작했다 /   그들을 돌보기를 /

❷ like he was their father. / Then / they were not lonely anymore. / Daniel and the
마치 그가 그들의 아빠인 것처럼 /   그 이후로 / 그들은 더 이상 외롭지 않았다 /   Daniel과 그 새끼 오리들은

ducklings became a happy family. /
행복한 가족이 되었다 /

구문 설명
❶ 지각동사는 「지각동사 + 목적어 + 동사원형/현재분사」의 형태로 쓴다. 지각동사 saw의 목적격보어로
동사원형인 swim이 쓰였다.
   ex. I **saw** a man **enter[entering]** the building. 나는 한 남자가 그 건물에 들어가는 것을 보았다.
❷ like는 접속사로 쓰여 '～처럼'의 의미를 나타낼 수 있다. 접속사 뒤에는 「주어 + 동사」를 쓴다.
   ex. They looked at me **like** I was late. 그들은 내가 지각을 한 것처럼 나를 쳐다 보았다.

Daniel은 잉글랜드에 있는 늙고 외로운 개였다. 그는 종종 새끼 오리들이 연못에서 헤엄치는 것을 보았다. 그는 그들이 엄마가 없다는 것을 알아차렸다. 어느 날, 그 새끼 오리들이 Daniel에게 다가와서 그의 가까이에 머물렀다. 아마도 그들은 그를 아빠로 여겼던 것 같다. 그날부터, 그들은 그를 어디에나 따라다녔다. Daniel은 마치 그가 그들의 아빠인 것처럼 그들을 돌보기 시작했다. 그 이후로 그들은 더 이상 외롭지 않았다. Daniel과 그 새끼 오리들은 행복한 가족이 되었다.

29 플랫폼이 무엇인가요?

문제 정답

1 ②　　**2** ⑤

문제 해설

1 platform이라는 단어의 의미가 어떻게 변해왔는지를 설명하는 글이므로, The History of "Platform"('플랫폼'의 역사)이 제목으로 가장 알맞다.

① 플랫폼을 사용하는 방법　③ 플랫폼에서 도움 받기　④ 플랫폼에 대한 사람들의 사랑　⑤ 플랫폼의 중요성

2 플랫폼에서 쇼핑을 한다는 내용은 본문에서 언급되지 않았다.

직독 직해

A long time ago, / a "platform" was just ❶ a flat **piece of** wood. / Later, / trains
오래전에, / '플랫폼'은 그저 평평한 나무 조각이었다 / 나중에, / 기차가 등장했다 /

appeared. / Then / it became a place / ❷ **for waiting**. / Today, / a platform means a
그리고 나서 / 그것은 장소가 되었다 / 기다리기 위한 / 오늘날, / 플랫폼은 웹사이트를 의미한다 /

website. / We can **see people talk and search** there. / Google and YouTube are big
우리는 사람들이 이야기하고 검색하는 것을 볼 수 있다 / 그곳에서 / 구글과 유튜브는 큰 플랫폼이다 /

platforms. / We do many important things / there. / We share ideas / and watch fun
우리는 많은 중요한 일들을 한다 / 그곳에서 / 우리는 아이디어를 공유한다 / 그리고 재미있는

videos.
동영상을 시청한다 /

구문 설명

❶ a piece of는 '~의 한 조각'이라는 의미이다.

ex. I ate **a piece of** cake. 나는 케이크 한 조각을 먹었다.

❷ 「for + 동명사[동사원형-ing]」는 '~을 하기 위해'라는 목적의 의미를 나타낸다.

ex. The knife is **for cutting** bread. 그 칼은 빵을 자르기 위한 것이다.

본문 해석

오래전에, '플랫폼'은 그저 평평한 나무 조각이었다. 나중에, 기차가 등장했다. 그리고 나서 그것은 기다리기 위한 장소가 되었다. 오늘날, 플랫폼은 웹사이트를 의미한다. 우리는 사람들이 그곳에서 이야기하고 검색하는 것을 볼 수 있다. 구글과 유튜브는 큰 플랫폼이다. 우리는 그곳에서 많은 중요한 일들을 한다. 우리는 아이디어를 공유하고 재미있는 동영상을 시청한다.

30 앵무새가 말한 숫자의 정체는?

70~71쪽

문제 정답 1 ② 2 ④ 3 curious

문제 해설

1 John이 길을 걷다가 날개를 다친 앵무새를 발견하고, (B) John이 앵무새가 말하는 숫자가 무엇인지 궁금해 하고, (A) 그 번호로 전화를 걸고, (C) 앵무새의 주인이 전화를 받는다는 내용으로 이어지는 것이 가장 자연스럽다.

2 I taught my phone number to him.(제가 그에게 제 전화번호를 가르쳤어요.)이라고 했으므로, '주인이 새에게 전화번호를 가르쳤기 때문에'가 새가 주인에게 돌아갈 수 있었던 이유로 알맞다.

3 '무언가에 대해 알고 싶어하는(wanting to know about something)'을 의미하는 단어는 curious(궁금한)이다.

직독 직해

John ❶ **was walking** / down a street. / Then he saw a parrot / with a broken wing /
John은 걸어가고 있었다 / 길을 따라 / 그때 그는 앵무새 한 마리를 보았다 / 날개가 부러진 /

under a tree. / When he stopped and looked at it, / the bird chirped out some
나무 아래에서 / 그가 멈춰서 그것을 보았을 때 / 그 새는 몇 가지 숫자를 짹짹거렸다 /

numbers. /

(B) John was surprised. / He knew / that some parrots could say words. / But he
John은 깜짝 놀랐다 / 그는 알고 있었다 / 몇몇 앵무새들이 단어를 말할 수 있다는 것을 / 하지만 그는

never **heard parrots say** numbers. / He was curious about the numbers, / so he
앵무새가 숫자를 말하는 것을 들어본 적이 없었다 / 그는 그 숫자들에 대해 궁금했다 / 그래서 그는

took the bird home. /
그 새를 집으로 데려갔다 /

(A) It ❷ **kept saying** the same numbers. / John thought, / "Maybe / it's a phone
그것은 계속 같은 숫자를 말했다 / John은 생각했다 / 아마도 / 그것은 전화번호인 것 같다 /

number." / So he called the number / on his phone. /
그래서 그는 그 번호로 전화를 걸었다 / 그의 전화기로 /

(C) A woman answered the phone / and said, / "The parrot is mine. / ❸ I **taught** my
한 여자가 전화를 받았다 / 그리고 말했다 / 그 앵무새는 제 거예요 / 제가 제 전화번호를

phone number / to him." / The next day, / the woman came ❹ **to pick up** her
가르쳤어요 / 그에게 / 그 다음 날 / 그 여자는 자신의 새를 데리러 왔다 /

bird / and thanked John for his help. /
그리고 John에게 그의 도움에 대해 감사했다 /

구문 설명

❶ 「was/were + 동사원형-ing」는 과거에 '~하고 있었다'라는 의미를 나타내는 과거진행형이다.

ex. I was **talking** with my friend then. 나는 그때 내 친구와 이야기를 하고 있었다.

❷ 「keep + -ing」는 '계속 ~하다'라는 의미이다.

ex. He **kept walking** to the mountain. 그는 계속 그 산으로 걸어갔다.

❸ 「teach A to B」는 'A를 B에게 가르치다'라는 의미이다.

ex. She **teaches** English **to** us. 그녀는 우리에게 영어를 가르친다.

❹ to부정사[to + 동사원형]는 '~하기 위해서'라는 목적의 뜻을 나타낼 수 있다.

ex. I ran **to catch** the bus. 나는 그 버스를 타기 위해서 달렸다.

본문 해석

John은 길을 따라 걸어가고 있었다. 그때 그는 나무 아래에서 날개가 부러진 앵무새 한 마리를 보았다. 그가 멈춰서 그것을 보았을 때, 그 새는 몇 가지 숫자를 짹짹거렸다.

(B) John은 깜짝 놀랐다. 그는 몇몇 앵무새들이 단어를 말할 수 있다는 것을 알고 있었다. 하지만 그는 앵무새가 숫자를 말하는 것을 들어본 적이 없었다. 그는 그 숫자들에 대해 궁금해서 그 새를 집으로 데려갔다.

(A) 그것은 계속 같은 숫자를 말했다. John은 생각했다. "아마도 그것은 전화번호인 것 같은데." 그래서 그는 그의 전화기로 그 번호로 전화를 걸었다.

(C) 한 여자가 전화를 받고는 말했다. "그 앵무새는 제 거예요. 제가 제 전화번호를 그에게 가르쳤어요." 그다음 날, 그 여자는 자신의 새를 데리러 왔고 John에게 그의 도움에 대해 감사했다.

GRAMMAR

72쪽

문제 정답

1 (1) swim　　(2) talk　　(3) say

2 (1) heard someone knock

　(2) saw Josh talking

　(3) felt the building shake

문제 해설

1 (1) 지각동사는 주로 「지각동사 + 목적어 + 동사원형」으로 쓴다. 지각동사 saw의 목적격 보어로 동사원형 swim이 쓰였다.

　나는 새끼 오리들이 연못에서 <u>헤엄치는 것</u>을 지켜보았다.

(2) 지각동사 see의 목적격 보어로 동사원형 talk가 쓰였다.

　우리는 사람들이 플랫폼에서 <u>이야기하고 검색하는 것</u>을 볼 수 있다.

(3) 지각동사 heard의 목적격 보어로 동사원형 say가 쓰였다.

　그는 앵무새가 숫자를 <u>말하는 것</u>을 들어본 적이 없다.

2 (1) 지각동사 heard의 목적격 보어로 동사원형 knock이 쓰였다.

(2) 지각동사 saw의 목적격 보어로 현재분사 talking이 쓰였다.

(3) 지각동사 felt의 목적격 보어로 동사원형 shake가 쓰였다.

문제 정답

01 1. climb　　2. hatch　　　**02** 1. explore　　2. metal　　　**03** 1. figure out　　2. bark

문제 해석

01 1. 원숭이는 나무를 빨리 <u>기어오른다</u>.

2. 달걀은 21일 후에 <u>부화한다</u>.

02 1. 나는 그 정글을 <u>탐험하기</u>를 원한다.

2. 그 숟가락과 포크는 <u>금속</u>이다.

03 1. 우리 그 답을 <u>알아내자</u>.

2. 개들은 겁을 먹었을 때 <u>짖는다</u>.

31　병아리와 트럭 이야기　　　　　　　　　　　74쪽

문제 정답

1 ①　　**2** hatch

문제 해설

1 So the eggs started to hatch.(그래서 그 달걀들이 알에서 깨어나기 시작했다.)라고 했으므로, 트럭의 곳곳에 부화한 병아리가 있는 그림이 가장 알맞다.

2 '알에서 나오다(to come out of an egg)'를 의미하는 단어는 hatch((알이) 부화하다)이다.

직독 직해

In China, / an interesting thing took place / on a truck. / The truck was driving / on a
중국에서 /　　재미있는 일이 벌어졌다 /　　　　　　한 트럭 위에서 /　　그 트럭은 달리고 있었다 /　　도로 위를 /

road. / It had a lot of eggs / in the back. / The weather was very hot. / So the eggs started /
그것은 많은 달걀을 싣고 있었다 / 뒤에 /　　날씨가 매우 더웠다 /　　　　그래서 그 달걀들이 시작했다 /

to hatch. / Soon, / ❶ **there were** little chicks / all over the truck. / Some chicks even
부화하기 /　곧 /　　작은 병아리들이 있었다 /　　　　트럭의 곳곳에 /　　　　몇몇 병아리들은 심지어

climbed / out of the truck. / However, / the driver did not know / ❷ **what was**
기어올랐다 / 트럭 밖으로 /　　하지만 /　　그 운전수는 몰랐다 /　　　무슨 일이 일어나고 있는지 /

happening. / He just kept driving. /
　　　　　그는 그냥 계속 운전했다 /

구문 설명

❶ 「there were + 복수 명사」는 '~들이 있었다'라는 의미이다.

ex. **There were** some books in the bag. 그 가방 안에는 책이 몇 권 있었다.

❷ 의문문이 다른 문장의 일부로 쓰이는 것을 간접의문문이라고 한다. 의문사가 간접의문문의 주어일 때는 「의문사(= 주어) + 동사 ~」의 순서로 쓴다.

ex. I know **who broke** the window. 나는 누가 그 창문을 깼는지 알고 있다.

 중국에서, 한 트럭 위에서 재미있는 일이 벌어졌다. 그 트럭은 도로 위를 달리고 있었다. 그것은 뒤에 많은 달걀을 싣고 있었다. 날씨가 매우 더웠다. 그래서 그 달걀들이 부화하기 시작했다. 곧, 트럭의 곳곳에 작은 병아리들이 있었다. 몇몇 병아리들은 심지어 트럭 밖으로 기어올랐다. 하지만, 그 운전수는 무슨 일이 일어나고 있는지 몰랐다. 그는 그냥 계속 운전했다.

32 인류의 새로운 보물섬, 달

문제 정답

1 ③　　**2** care

문제 해설

1 달에 있는 귀중한 자원과 달에서 사람이 살 수 있는 가능성 때문에 많은 나라들이 달에 관심이 있다는 내용이므로, '달 탐사를 위해 경쟁하는 이유'가 주제로 가장 알맞다.

2 Do you know why they care so much?의 care(관심을 가지다, 돌봄)가 문맥상 알맞다. 'care about'은 '~에 관심을 가지다, 걱정하다'를 의미하고, 'take care of'는 '~을 돌보다'를 의미한다.

(1) 나는 Jenny를 좋아한다. 나는 그녀에 대해 <u>관심을 가진다</u>.

(2) Ann은 그녀의 아기들을 잘 <u>돌본다</u>.

직독 직해

Many countries are interested in the moon. / Do you know / ❶ why they care so
많은 나라들이 달에 관심이 있다 /　　　　　　　　당신은 아는가 /　　　　그들이 왜 관심을 그렇게 많이

much? / Because the moon is a land of treasure. / It has a lot of precious metals
가지는지 /　달이 보물의 땅이기 때문이다 /　　　　　　　　그것은 많은 귀금속과 암석을 가지고 있다 /

and rocks. / Scientists even found water / there! / So some people ❷ imagine living
　　　　과학자들은 심지어 물을 발견하기도 했다 /　그곳에서 /　그래서 몇몇 사람들은 그곳에 사는 것을 상상한다 /

there / one day. / However, / no one owns the moon / now. / If anyone explores it /
그곳에 /　　언젠가 /　　하지만 /　　아무도 달을 소유하고 있지 않다 /　지금은 /　만약 누구든지 그것을 탐험하면 /

first, / they will get an advantage. /
먼저 /　　그들은 이점을 얻게 될 것이다 /

구문 설명

❶ 간접의문문은 「의문사 + 주어 + 동사」로 쓴다.

　ex. We know **where he lives**. 우리는 그가 어디에 사는지 알고 있다.

❷ 「imagine + 동명사[동사원형-ing]」는 '~하는 것을 상상하다'라는 의미를 나타낸다.

　ex. I **imagine flying** in the sky. 나는 하늘에서 나는 것을 상상한다.

본문 해석

많은 나라들이 달에 관심이 있다. 당신은 그들이 왜 관심을 그렇게 많이 가지는지 아는가? 달이 보물의 땅이기 때문이다. 그것은 많은 귀금속과 암석을 가지고 있다. 과학자들은 심지어 그곳에서 물을 발견하기도 했다! 그래서 몇몇 사람들은 언젠가 그곳에 사는 것을 상상한다. 하지만, 지금은 아무도 달을 소유하고 있지 않다. 만약 누구든지 먼저 그것을 탐험하면, 그들은 이점을 얻게 될 것이다.

33 지진을 감지하는 동물들 76~77쪽

문제 정답   **1** ①   **2** 갑자기 짖기, 언덕 위로 달려가기   **3** figure out

문제 해설

1 Humans don't know when earthquakes will happen, but animals do.(인간은 언제 지진이 일어날지 모르지만, 동물들은 안다.)라고 했으므로, '동물들은 인간들이 느끼기 <u>전</u>에 지진을 <u>느낀다</u>.'가 요약문으로 알맞다.

2 In 2009, many dogs in Italy started barking suddenly. Others ran up the hills.(2009년, 이탈리아에서 많은 개들이 갑자기 짖기 시작했다. 다른 개들은 언덕 위로 달려갔다.)로 보아 개들은 갑자기 짖거나 언덕 위로 달려가는 행동을 했음을 알 수 있다.

3 People couldn't figure out why the dogs were acting unusually.의 figure out(알아내다)이 문맥상 알맞다.

그들은 그 문제에 대한 답을 찾아낼 것이다.

= 그들은 그 문제에 대한 답을 <u>알아낼</u> 것이다.

직독 직해

> In 2009, / many dogs in Italy / started barking / suddenly. / Others ran / up the hills. /
> 2009년 / 이탈리아에서 많은 개들이 / 짖기 시작했다 / 갑자기 / 다른 개들은 달려갔다 / 언덕 위로 /
>
> They ❶ **looked scared**. / People couldn't figure out / why the dogs were acting /
> 그들은 겁에 질려 보였다 / 사람들은 알아낼 수 없었다 / 왜 그 개들이 행동하고 있는지 /
>
> unusually. / A few hours later, / everything ❷ **started** / **to shake**. / The ground ❸ **was**
> 특이하게 / 몇 시간 후에 / 모든 것이 시작했다 / 흔들리기 / 땅이 흔들리고 있었다 /
>
> **shaking**. / Houses and buildings began / to fall over. / An earthquake was happening! /
> 집들과 건물들이 시작했다 / 넘어지기 / 지진이 일어나고 있었다 /
>
> Soon, / the ground opened up. / More buildings fell down. / Today, / people understand /
> 곧 / 땅이 벌어졌다 / 더 많은 건물들이 무너졌다 / 오늘날 / 사람들은 이해한다 /
>
> why the dogs acted / so strangely. / Humans don't know / when earthquakes will /
> 왜 그 개들이 행동했는지 / 그렇게 이상하게 / 인간들은 모른다 / 언제 지진이 일어날지 /
>
> happen, / but animals ❹ **do**. /
> 하지만 동물들은 안다 /

구문 설명

❶ look이 '~하게 보이다'라는 의미의 감각동사로 쓰일 때는 뒤에 형용사를 쓴다.
  ex. They **look sad**. 그들은 슬퍼 보인다.

❷ start는 to부정사[to + 동사원형]를 목적어로 쓸 수 있다.
  ex. The kids **start to sing**. 그 아이들이 노래를 부르기 시작한다.

❸ 「was/were + 동사원형-ing」는 과거에 '~하고 있었다'라는 의미를 나타내는 과거진행형이다. shake와 같이 -e로 끝나는 동사는 e를 빼고 -ing를 붙인다.
  ex. He **was making** a birdhouse. 그는 새집을 만들고 있었다.

❹ 앞에 나온 동사(구)의 반복을 피하기 위해 대동사 do를 쓸 수 있다. 이 문장의 do는 앞에 나온 know when earthquakes will happen을 대신한다.
  ex. A: Do you like music? B: Yes, I do. A: 너는 음악을 좋아하니? B: 응, 그래(나는 음악을 좋아해).

본문 해석   2009년, 이탈리아에서 많은 개들이 갑자기 짖기 시작했다. 다른 개들은 언덕 위로 달려갔다. 그들은 겁에 질려 보였다. 사람들은 왜 그 개들이 특이하게 행동하고 있는지를 알아낼 수 없었다. 몇 시간 후에, 모든 것이 흔들리기 시작했다. 땅이 흔들리고 있었다. 집들과 건물들이 넘어지기 시작했다. 지진이 일어나고 있었다! 곧, 땅이 벌어졌다. 더 많은 건물들이 무너졌다. 오늘날, 사람들은 그 개들이 왜 그렇게 이상하게 행동했는지 이해한다. 인간들은 언제 지진이 일어날지 모르지만, 동물들은 안다.

GRAMMAR

문제 정답

1 (1) why they care　　(2) earthquakes will happen

2 (1) what her name is

(2) where you live

(3) who can come to the party

문제 해설

1 (1) 의문문이 다른 문장의 일부로 쓰이는 것을 간접의문문이라고 한다. 간접의문문은 「의문사＋주어＋동사」로 쓴다.

당신은 <u>그들이 왜 그렇게 관심을 많이 가지는지</u> 아는가?

(2) 간접의문문은 「의문사＋주어＋동사」로 쓴다.

인간들은 <u>언제 지진이 일어날지</u> 모른다.

2 (1) 간접의문문은 「의문사＋주어＋동사」로 쓴다.

(2) 간접의문문은 「의문사＋주어＋동사」로 쓴다.

(3) 의문사가 간접의문문의 주어일 때는 「의문사(=주어)＋동사」로 쓴다.

WORDS 79쪽

문제 정답

01 1. shake   2. solve   **02** 1. support   2. earn   **03** 1. unique   2. experience

문제 해석

01 1. 지진 중에는 건물들이 <u>흔들린다</u>.

2. 너는 이 수학 문제를 <u>풀</u> 수 있니?

02 1. 그는 그의 가족을 <u>부양하기</u> 위해서 열심히 일한다.

2. 나는 직업이 없다. 나는 돈을 <u>벌</u> 수 없다.

03 1. 그의 그림은 다른 것들과 다르다. 그것은 <u>독특하다</u>.

2. 나는 많이 가르쳤다. 나는 가르치는 것에 많은 <u>경험</u>이 있다.

34 잠을 깨워 주는 마법의 침대 80쪽

문제 정답

1 ④   **2** shake

문제 해설

1 It helps you wake up easily.(그것[그 침대]는 당신이 쉽게 일어나는 것을 돕는다.)라고 했으므로, 그 침대는 '당신이 침대 밖으로 나올(get out of bed) 때까지 계속 흔들린다.'가 알맞다.

① 잠자리에 들다   ② 학교에 가다   ③ 잠자리를 정리하다   ⑤ 집으로 돌아오다

2 '좌우 또는 아래위로 빠르게 움직이다(to move quickly from side to side or up and down)'를 의미하는 단어는 shake(흔들리다)이다.

직독 직해

Do you get up / easily / in the morning? / It ❶ **may not** be easy. / Sometimes / you
당신은 일어나는가 / 쉽게 / 아침에 / 그것은 쉽지 않을 수 있다 / 때때로 / 당신

may wake up / late / and rush to school. / Thankfully, / an inventor solved this
깰지도 모른다 / 늦게 / 그리고 서둘러 학교에 간다 / 다행히도 / 한 발명가가 이 문제를 해결했다 /

problem. / He made an amazing bed / called the Bed Shaker. / It helps you wake
그는 놀라운 침대를 만들었다 / Bed Shaker라고 불리는 / 그것은 당신이 일어나는 것을 돕는다 /

up / easily. / When it is time / to get up, / the bed starts to shake. / The bed keeps
쉽게 / 시간이 되면 / 일어날 / 침대가 흔들리기 시작한다 / 그 침대는 계속 흔들린다 /

shaking / ❷ **until** you get out of bed. /
당신이 침대 밖으로 나올 때까지 /

구문 설명

❶ may는 '~일지도 모른다'를 의미하는 조동사로, 부정형은 「may not + 동사원형」으로 쓴다

ex. They **may not** know the answer. 그들은 그 답을 알지 못할지도 모른다.

❷ until은 '~할 때까지'를 의미하는 접속사로, 「until + 주어 + 동사」로 쓴다.

ex. I slept **until** the alarm clock went off. 나는 알람 시계가 울릴 때까지 잤다.

당신은 아침에 쉽게 일어나는가? 그것은 쉽지 않을 수 있다. 때때로 당신은 늦게 깨서 서둘러 학교에 갈지도 모른다. 다행히도, 한 발명가가 이 문제를 해결했다. 그는 Bed Shaker라고 불리는 놀라운 침대를 만들었다. 그것은 당신이 쉽게 일어나는 것을 돕는다. 일어날 시간이 되면, 침대가 흔들리기 시작한다. 그 침대는 당신이 <u>침대 밖으로 나올</u> 때까지 계속 흔들린다.

35 Van Gogh와 Theo: 어려움을 이긴 형제애

81쪽

문제 정답

1 ⑤　　**2** earn

문제 해설

1 Vincent van Gogh의 동생 Theo가 Van Gogh의 생활을 평생 동안 도와주었다는 내용이므로, 'Van Gogh에 대한 동생의 헌신적인 사랑'이 제목으로 가장 알맞다.

2 '일을 한 것에 대해 돈을 받다(to get money for doing work)'를 의미하는 단어는 earn(돈을 벌다)이다.

직독 직해

Vincent van Gogh is a famous painter / today. / But he did not earn any money /
Vincent van Gogh는 유명한 화가이다 / 　　　　오늘날 / 　하지만 그는 돈을 벌지 못했다 /

while he was alive. / Then how did he make a living? / ❶ His younger brother Theo /
그가 살아 있었던 동안 / 　　그렇다면 그는 어떻게 생계를 유지했을까 / 　　　그의 남동생 Theo가 /

supported him. / He loved poor Vincent. / Theo sent him money / for his entire life. /
그를 부양했다 / 　　그는 가난한 Vincent를 사랑했다 / 　Theo는 그에게 돈을 보냈다 / 　평생 동안 /

Theo died / six months ❷ after Vincent died. / Even after they died, / they are still
Theo는 죽었다 / Vincent가 죽고 6개월 후에 / 　　　　그들은 죽은 후에도 / 　　그들은 여전히 가까이 있다 /

close / to each other. / Theo's grave is / right beside his brother's. /
　서로에게 / 　Theo의 무덤은 있다 / 　그의 형의 것(무덤) 바로 옆에

구문 설명

❶ 같은 대상을 가리키는 두 명사(구)의 관계를 동격이라고 한다. His younger brother와 Theo는 같은 대상을 가리키는 동격의 관계이다.

ex. This is **my friend Jenny**. 이 사람은 내 친구 Jenny이다.

❷ after는 '~ 후에'를 의미하는 접속사로, 「after + 주어 + 동사」로 쓴다.

ex. I had dinner **after** I came back home. 나는 집에 돌아온 후에 저녁을 먹었다.

본문 해석

Vincent van Gogh는 오늘날 유명한 화가이다. 하지만 그는 살아 있었던 동안 돈을 벌지 못했다. 그렇다면 그는 어떻게 생계를 유지했을까? 그의 남동생 Theo가 그를 부양했다. 그는 가난한 Vincent를 사랑했다. Theo는 평생 동안 그에게 돈을 보냈다. Theo는 Vincent가 죽고 6개월 후에 죽었다. 그들은 죽은 후에도 여전히 서로에게 가까이 있다. Theo의 무덤은 그의 형의 무덤 바로 옆에 있다.

36 동영상으로 볼까, 책으로 읽을까?

82~83쪽

문제 정답　　**1** ⑤　　**2** ①　　**3** unique

문제 해설

1 이 글은 동영상을 볼 때와 책을 읽을 때 우리 뇌가 다르게 반응한다는 내용이므로, '책과 동영상을 볼 때의 뇌의 반응'이 글의 주제로 가장 알맞다.

2 Books let us use our imagination.(책은 우리가 우리의 상상력을 사용하게 한다.)이라고 했으므로, We start imagining.(우리는 상상하기 시작한다.)가 알맞다.

② 우리는 일을 빨리 잊는다.

③ 우리는 매우 편안하게 느낀다.

④ 우리는 더 많은 이미지를 기억한다.

⑤ 우리는 일을 쉽게 이해한다.

3 This makes everyone's reading experience unique.의 unique(독특한, 유일한)가 문맥상 알맞다.

이 장난감은 <u>독특하다</u>. 그것은 세상에서 유일한 것이다.

직독 직해

When we watch a video, / we understand it / fast. / Do you know why? / Because we
우리는 동영상을 볼 때 /　　　 우리는 그것을 이해한다 /　 빨리 /　 당신은 그 이유를 아는가 /　 우리가 내용을

see and hear things / at the same time. / This ❶ **helps us understand** it / easily. / If
보고 듣기 때문이다 /　　　 동시에 /　　　　　　 이것은 우리가 그것을 이해하는 것을 돕는다 /　 쉽게 /

people watch the same video, / they will remember the same things. / When we read
만약 사람들이 똑같은 동영상을 본다면 /　　　 그들은 똑같은 것들을 기억할 것이다 /　　　　 우리가 책을 읽을 때

a book, / however, / our brains work / differently. / **While** we read words, / we make
하지만 /　 우리의 뇌는 작동한다 /　 다르게 /　 우리가 단어들을 읽는 동안 /　　 우리는

images / in our minds. / These images are different / for ❷ **each person**. / What will
이미지를 만든다 / 우리의 마음속에 /　 이 이미지들은 다르다 /　　　　 사람마다 /　　　　 무슨 일이

happen / when people read the same book? / They may think of different things. /
일어날까 /　 사람들이 같은 책을 읽을 때 /　　　　　 그들은 다른 것들을 생각할 수 있다 /

Books ❸ **let us use** our imagination. / This ❹ **makes everyone's reading experience**
책은 우리가 우리의 상상력을 사용하도록 한다 /　　　 이것이 모두의 독서 경험을 독특하게 만든다 /

unique. /

구문 설명

❶ 「help + 목적어 + 동사원형/to부정사」는 '~이 …하는 것을 돕다'라는 의미이다.

　　ex. I **helped him (to) move** the box. 나는 그가 그 상자를 옮기는 것을 도왔다.

❷ 「each + 단수 명사」는 '각각의 ~'라는 의미이다.

　　ex. **Each answer** is 5 points. 각각의 문제는 5점이다.

❸ 「let + 목적어 + 동사원형」은 '~이 …하게 하다'라는 의미이다.

　　ex. Mom **lets us watch** TV after dinner. 엄마는 저녁 식사 후에 우리가 TV를 보게 허락해 주신다.

❹ 「make + 목적어 + 형용사」는 '~을 …하게 만들다'를 의미한다. 이 문장에서 목적어는 everyone's reading experience이다.

　　ex. The news **made him happy**. 그 소식은 그를 기쁘게 만들었다.

본문 해석

우리는 동영상을 볼 때 그것을 빨리 이해한다. 당신은 그 이유를 아는가? 우리가 내용을 동시에 보고 듣기 때문이다. 이것은 우리가 그것을 쉽게 이해하는 것을 돕는다. 만약 사람들이 똑같은 동영상을 본다면,

그들은 똑같은 것들을 기억할 것이다. 하지만 우리가 책을 읽을 때, 우리의 뇌는 다르게 작동한다. 우리가 단어들을 읽는 동안, 우리는 마음속에 이미지를 만든다. 이 이미지들은 사람마다 다르다. 사람들이 같은 책을 읽을 때 무슨 일이 일어날까? 그들은 다른 것들을 생각할 수 있다. 책은 우리가 우리의 상상력을 사용하도록 한다. 이것이 모두의 독서 경험을 독특하게 만든다.

GRAMMAR

문제 정답

1 (1) 우리가 단어들을 읽는 동안　(2) 당신이 침대 밖으로 나올 때까지

2 (1) while he drives

(2) until the rain stops

(3) while I play the piano

문제 해설

1 (1) while은 '~하는 동안'을 의미하는 접속사로, 「while + 주어 + 동사」로 쓴다.

우리가 단어들을 읽는 동안, 우리는 마음속에 이미지를 만든다.

(2) until은 '~할 때까지'를 의미하는 접속사로, 「until + 주어 + 동사」로 쓴다. 시간을 나타내는 접속사가 이끄는 부사절은 미래의 의미를 나타내더라도 현재 시제를 쓴다. (until you will get out of bed: X)

그 침대는 당신이 침대 밖으로 나올 때까지 계속 흔들린다.

2 (1) while은 '~하는 동안'을 의미하는 접속사이다.

(2) until은 '~할 때까지'를 의미하는 접속사이다. 시간을 나타내는 부사절은 미래의 의미를 나타내더라도 현재 시제를 쓴다. (until the rain will stop: X)

(3) while은 '~하는 동안'을 의미하는 접속사이다.

Unit 01 | **01** 엄마 입이 보금자리

⬤ Word Review
1쪽

1 (알을) 낳다
2 ~ 밖으로 나오다
3 ~으로 가득 차다
4 ~으로 변하다
5 ~을 돌보다
6 두다, 보관하다
7 방법
8 보호하다
9 쉬다
10 입
11 자유로운
12 특이한, 색다른

⬤ Sentence Review
2쪽

1 시클리드는 작은 물고기들이다 / 아프리카에서 온 /
2 엄마 물고기는 알들을 낳으면 / 그녀는 그것들을 돌본다 / 특이한 방법으로 /
3 그녀는 그것들을 지킨다 / 그녀의 입속에서 /
4 이러한 방법으로 / 그녀는 그녀의 알들을 보호할 수 있다 /
5 그녀의 입은 알들로 가득 찬다 / 그래서 그녀는 아무것도 먹을 수 없다 /
6 30일 후에 / 그 알들은 새끼 물고기들로 변한다 / 그리고 그녀의 입 밖으로 나온다 /
7 그러면 / 그 엄마 물고기는 자유로워진다 / 그녀는 먹이를 먹고 쉴 수 있다 /

Unit 01 | **02** 충격적인 비밀

⬤ Word Review
3쪽

1 가까운, 친밀한
2 대답; 반응
3 만나다
4 바쁜; 붐비는
5 비밀
6 속삭이다
7 시작하다
8 조용하게
9 중요한
10 최근에
11 충격적인, 놀랄 만한
12 카페

⬤ Sentence Review
4쪽

1 Jane은 큰 비밀이 하나 있었다 /
2 그녀는 자신의 비밀을 말하지 않았다 / 그녀의 언니나 오빠에게 /
3 하지만 그러던 어느 날 / 그녀는 Maria를 만났다 / 그녀의 절친한 친구인 /
4 그들이 앉았을 때 / 붐비는 카페에 / Jane은 조용히 속삭였다 / Maria에게 /
5 나는 중요한 것을 말하고 싶어 / 너에게 / 하지만 이것을 말하지 말아 줘 / 아무에게도 /
6 최근에 / 나는 한 남자아이를 만났어 / 그리고 그를 정말 좋아하기 시작했어 /
7 그의 이름은 Peter Parker야 /
8 그러자 Maria의 반응은 충격적이었다 /
9 오, 세상에 / Peter는 내 남자친구야 /

Word Review

5쪽

1 회사
2 자신의
3 인간
4 이끌다, 주도하다
5 함께
6 대학
7 기술
8 가르치다
9 ~을 생각하다
10 ~라는 이름의
11 ~라고 불리는
12 (컴퓨터) 프로그램을 짜다

Sentence Review

6쪽

1 한 똑똑한 소년이 있었다 / Sam Altman이라는 이름의 /
2 Sam은 새로운 것을 생각하는 것을 즐겼다 / 그의 아빠와 함께 /
3 그의 아빠는 컴퓨터를 매우 좋아했다 / 그리고 Sam에게 프로그램을 짜는 법을 가르쳤다 /
4 Sam은 겨우 8살이었다 / 그때 /
5 그는 대학에 다닐 때 / 그는 자신의 회사를 시작했다 /
6 그곳에서 / 그는 Elon Musk를 만났다 /
7 함께 / 그들은 대단한 것을 만들었다 / OpenAI라고 불리는 / 2015년에 /
8 Sam은 컴퓨터가 생각하기를 원했다 / 인간처럼 /
9 이제 / Sam은 매우 중요하다 / 기술 업계에서 /
10　그는 챗GPT를 이끌고 있다 /

Word Review

7쪽

1 카멜레온
2 정말, 확실히
3 식물
4 숨다
5 생존하다
6 바꾸다
7 모양
8 따라 하다, 모방하다
9 기술
10 ~처럼 행동하다
11 ~의 주위에
12 ~에서 오다

Sentence Review

8쪽

1 매우 흥미로운 식물이 있다 /
2 이 식물은 따라 할 수 있다 / 그것 주변의 것들을 /
3 그것은 그것의 색깔을 바꾼다 / 다른 식물들처럼 보이기 위해서 /
4 그것은 또한 그것의 잎 모양을 바꾼다 / 동물들로부터 숨기 위해서 /
5 이 놀라운 식물의 이름은 / Boquila(보키)이다 /
6 그것은 왔다 / 아르헨티나와 칠레에서 /
7 그것의 기술들은 그것이 생존하는 것을 돕는다 /
8 정말로 / 그것은 식물 카멜레온이다 /

Word Review　9쪽

1	효과가 있다	5	생각, 아이디어	9	놀랍게도
2	일주일마다	6	부모	10	결정하다
3	기쁜	7	받다	11	~을 생각해 내다
4	용돈	8	마음	12	(가격 등을) 올리다

Sentence Review　10쪽

1 Laura는 10달러를 받았다 / 일주일마다 / 그녀의 부모님으로부터 /

2 하지만 그녀는 더 많은 돈이 필요했다 /

3 그녀는 원했다 / 자신이 좋아하는 물건들을 사기를 /

4 Laura는 그녀의 부모님께 부탁했다 / 더 많은 용돈을 /

5 하지만 그들은 안 된다고 말했다 /

6 Laura는 아이디어를 떠올렸다 / 그들의 마음을 바꾸기 위해서 /

7 그녀는 그들의 자동차를 세차했다 / 매일 아침 / 그녀는 설거지도 했다 /

8 놀랍게도 / 이 계획은 효과가 있었다 /

9 그녀의 부모님은 결정했다 / 그녀의 용돈을 올리기로 /

10　이제 / 그녀는 기쁘다 / 15달러를 받아서 / 일주일마다 /

Word Review　11쪽

1	짓다, 만들다	5	부분	9	규칙
2	전혀 ~아닌	6	방문하다	10	과거에
3	요약하면	7	바꾸다; 바뀌다	11	고정된
4	슈퍼히어로, 영웅	8	단순한, 간단한	12	게다가

Sentence Review　12쪽

1 컴퓨터 게임은 변화하고 있다 / 매일 /

2 과거에는 / 컴퓨터 게임이 단순했다 /

3 그것들은 정해진 규칙이나 스토리가 있었다 / 당신은 그것들을 바꿀 수 없었다 / 전혀 /

4 오늘날 / 상황이 다르다 /

5 플레이어들은 다양한 부분들을 바꿀 수 있다 / 게임의 /

6 그들은 규칙들을 바꿀 수 있다 / 그것들을 더 재미있게 만들기 위해서 /

7 Roblox에서 / 예를 들면 / 당신은 슈퍼히어로가 될 수 있다 / 또는 당신이 좋아하는 누구든지 /

8 게다가 / Minecraft에서 / 당신은 큰 도시들을 건설할 수 있다 /

9 당신은 새로운 세계를 방문할 수도 있다 /

10　요약하면 / 오늘날의 게임은 / 당신이 누구든 될 수 있게 한다 / 그리고 어디든 갈 수 있게 /

Word Review

13쪽

1 활동	5 영화	9 무서운
2 초대하다	6 싸우다	10 눕다
3 잠이 들다	7 베개	11 (시간을) 보내다; (돈을) 쓰다
4 옷	8 방법	12 (남의 집에서) 자고 가다

Sentence Review

14쪽

1 Sarah는 파자마 파티를 매우 좋아한다 /

2 그녀는 종종 그녀의 친구들을 초대한다 / 자고 가라고 / 그녀의 집에서 /

3 이것은 좋은 방법이다 / 시간을 보내는 / 그녀의 친구들과 /

4 그들은 재미있는 일을 많이 한다 /

5 그들은 싸운다 / 그들의 베개를 가지고 /

6 그들은 노래를 부른다 / 그리고 무서운 영화를 본다 /

7 그들은 맛있는 아이스크림도 먹는다 / 그리고 재미있는 이야기도 한다 /

8 이 모든 활동들 후에 / 그들은 침대에 눕는다 / 그리고 잠이 든다 /

Word Review

15쪽

1 자연의, 천연의	5 분해하다	9 근육
2 움직이다; 일하다	6 많은	10 경기, 시합
3 에너지, 힘	7 주다	11 (음식을) 소화하다
4 빠른	8 당; 설탕	12 (영양소) 미네랄

Sentence Review

16쪽

1 테니스 선수들은 좋아한다 / 바나나를 먹는 것을 / 그들이 경기를 할 때 /

2 그들은 왜 그렇게 할까 /

3 바나나는 천연 당분을 많이 가지고 있다 /

4 이러한 당분은 그들에게 빠른 에너지를 준다 /

5 바나나는 또한 많은 미네랄을 가지고 있다 /

6 이러한 미네랄은 근육이 더 잘 움직이도록 도와준다 /

7 바나나는 소화하기 쉽다 / 또한 /

8 얼마나 멋진가 /

9 그것들은 최고의 간식이다 / 빠른 에너지를 주는 /

Word Review

1 가짜의
2 거짓말하다
3 기술
4 나쁜 면
5 도움이 되는
6 목소리
7 문제
8 비디오, 동영상
9 온라인에서; 온라인의
10 올바른 방법으로
11 유용한
12 일으키다, 유발하다

Sentence Review

1 AI는 유용한 기술이다 /
2 그것은 많은 좋은 것들을 할 수 있다 /
3 하지만 그것은 몇몇 나쁜 면들도 가지고 있다 /
4 예를 들면 / AI는 거짓말을 할 수 있다 /
5 그것은 얼굴과 목소리를 바꿀 수 있다 / 동영상 속 /
6 이것은 문제가 되지 않는다 / 영화 속에서는 /
7 하지만 그것은 가짜 이야기를 말할 수 있다 / 사람들에게 / 온라인에서 /
8 이것은 큰 문제가 될 수 있다 /
9 만약 누군가가 가짜 동영상을 공유하면 / 그것은 문제를 일으킬 수 있다 /
10　AI는 매우 유용하다 / 하지만 우리는 그것을 사용해야 한다 / 올바른 방법으로 /

Word Review

1 형형색색의
2 죽은
3 여러 번
4 알아차리다; 찾다
5 슬픈
6 부딪히다; 때리다
7 바닥
8 들어가다
9 깨진
10 그리다, 칠하다
11 결정하다
12 ~ 옆에

Sentence Review

1 Betty가 그녀의 침실에 들어갔을 때 / 그녀는 알아차렸다 / 창문이 깨져 있는 것을 /
2 그리고 죽은 새 한 마리가 있었다 / 바닥에는 /
3 불쌍한 새 / Betty는 매우 슬프게 느꼈다 /
4 이런 일은 일어났다 / 전에도 여러 번 /
5 그녀의 침실 창문은 있다 / 나무 옆에 /
6 새들은 종종 날아들곤 했다 / 창문으로 / 그들은 그것을 볼 수 없었기 때문에 /
7 그때 Betty에게 좋은 생각이 떠올랐다 / 그녀는 결심했다 / 그림을 그리기로 / 창문 위에 /
8 그녀는 크고 형형색색의 꽃들을 그렸다 / 그 위에 /
9 이제 / 새들이 그 창문에 부딪히지 않는다 /
10　그 형형색색의 그림들 때문에 / 새들은 그 창문을 볼 수 있다 /

Word Review

25쪽

1 침팬지	5 슬픈	9 관심; 돌봄
2 죽다	6 만지다	10 감정
3 이해하다	7 데리고 있다, 들고 가다	11 입을 맞추다
4 여전히	8 놀랍게도	12 ~ 후에

Sentence Review

26쪽

1 한 동물원에 / 스페인의 / 엄마 침팬지 한 마리가 있다 /

2 그녀의 이름은 Natalia이다 /

3 그녀는 아기를 낳았다 / 하지만 그 아기는 죽었다 / 2주 후에 /

4 놀랍게도 / Natalia는 그것(그녀의 죽은 아기)에게 여전히 사랑과 관심을 보여준다 /

5 그녀는 그녀의 아기를 데리고 간다 / 어디든 /

6 그녀는 그것(그녀의 죽은 아기)을 만지고 입을 맞추기도 한다 /

7 동물원의 사람들은 / 그녀의 감정을 이해한다 /

8 그들은 슬프게 느낀다 / Natalia만큼 /

Word Review

27쪽

1 ~보다	5 사랑스러운	9 마찬가지로
2 더 많이	6 색깔	10 어린이
3 동등하게, 똑같이	7 옳은	11 차이
4 아름다운	8 노란색의	12 흰색의

Sentence Review

28쪽

1 흰 꽃이 말한다 / 노란 꽃에게 / 내가 더 아름다워 / 너보다 /

2 흰 꽃이 맞을까 / 그렇지 않다 /

3 노란 꽃은 아름답다 / 흰 꽃만큼 /

4 색깔은 중요하지 않다 /

5 모든 색깔의 꽃들은 / 똑같이 아름답다 /

6 마찬가지로 / 모든 피부색의 사람들은 / 똑같이 아름답다 /

7 그들은 모두 사랑스러운 아이들이다 / 대자연의 /

Word Review

29쪽

1 공기	**5** 산소	**9** 지구
2 나타나다	**6** 생명체; 생명	**10** 텅 빈
3 행성	**7** 아주 작은	**11** 편한, 쾌적한
4 난로	**8** 인간	**12** 나타나다

Sentence Review

30쪽

1 오래전에 / 지구는 텅 비어 있었다 / 산소가 없었다 /

2 그리고 그것은 뜨거웠다 / 난로만큼 / 어떤 생명체도 살 수 없었다 / 그 위에서 /

3 그때 / 특별한 일이 일어났다 /

4 아주 작은 박테리아가 나타났다 / 그리고 지구를 완전히 바꿨다 /

5 그 박테리아는 산소를 만들었다 / 햇빛을 이용함으로써 /

6 그 결과 / 지구는 좋은 장소가 되었다 / 살기에 / 식물과 동물이 시작했다 / 나타나기 /

7 화성은 초기의 지구와 같다 / 몇 가지 면에서 / 그것은 공기가 없다 / 그리고 생명체도 없다 /

8 만약 우리가 박테리아를 화성으로 보내면 / 그것들이 그 행성을 바꿀지도 모른다 /

9 만약 그런 일이 일어나면 / 화성은 편안해질 것이다 / 지구만큼 /

10 그것은 새로운 보금자리가 될 것이다 / 인류에게 /

Word Review

31쪽

1 팀	**5** 유니폼	**9** 기록
2 특별한	**6** 스포츠, 운동	**10** 골키퍼
3 최고의, 가장 좋은	**7** 번호	**11** (번호를) 달다; (옷을) 입다
4 점수	**8** 기술	**12** (선수의) 위치

Sentence Review

32쪽

1 스포츠에서 / 선수들은 등번호를 단다 / 그들의 유니폼에 /

2 그들의 팀이 그들에게 번호를 준다 /

3 그 번호들은 그 선수들의 포지션을 보여준다 /

4 예를 들면 / 골키퍼는 1번을 단다 /

5 수비수는 2번에서 6번을 단다 /

6 공격수는 어떨까 /

7 그들은 7번에서 11번을 단다 /

8 10번은 특별하다 /

9 최고의 선수들이 / Messi와 Neymar 같은 / 그 등번호를 단다 /

Word Review

33쪽

1 친절한
2 지하철
3 좌석, 자리
4 일어서다
5 안내하다, 인도하다
6 승객
7 미소 짓다
8 따뜻하게
9 눈이 먼, 시각 장애의
10 ~을 타다
11 ~을 찾다
12 ~으로 붐비다

Sentence Review

34쪽

1 한 시각장애인 남자와 그의 개가 / 지하철에 탔다 /
2 그 지하철은 붐볐다 / 승객들로 /
3 그 개는 자리를 찾았다 / 그 시각장애인 남자를 위한 /
4 그 개는 한 젊은 남자에게 갔다 / 그리고 그를 쳐다봤다 / 하지만 그는 일어나지 않았다 /
5 그 개는 한 어린 소녀에게로 이동했다 / 그리고 그녀를 바라보았다 /
6 그 소녀는 그 시각장애인 남자와 그 개를 보았다 / 그리고 미소를 지었다 / 따뜻하게 /
7 그녀는 그 남자에게 자신의 자리를 내주었다 /

Word Review

35쪽

1 혀
2 폭탄
3 ~을 잘하다
4 훈련; 운동
5 도와주는 사람이나 도구
6 강한; 힘센
7 (~한 상태로) 유지하다
8 내밀다
9 후각
10 훈련시키다
11 기대하다
12 (음식 등의) 특별한 대접

Sentence Review

36쪽

1 당신은 알았는가 / 벌들이 폭탄을 찾을 수 있다는 것을 / 그것은 사실이다 /
2 벌들은 냄새를 매우 잘 맡는다 /
3 그들은 그들의 강한 후각을 사용한다 / 폭탄을 찾기 위해서 /
4 사람들은 벌들을 어떻게 훈련시킬까 /
5 그들은 그 벌들에게 맛있는 먹이를 준다 / 그 벌들이 폭탄 냄새를 맡을 때 /
6 이 훈련을 한 후에 / 몇 번 / 그 벌들은 학습한다 / 그들이 특별한 먹이를 받을 것이라는 것을 / 그들이 폭탄 냄새를 맡을 때 /
7 그 벌들은 폭탄 냄새를 맡을 때 / 그들은 자신들의 혀를 내민다 / 그들이 먹이를 기대하기 때문에 /
8 이 특별한 벌들은 '냄새 탐지 벌'이라고 불린다 /
9 그것은 멋지지 않은가 /
10 이 작은 도우미들은 우리를 안전하게 지켜줄 수 있다 /

19 한국에도 열대 과일이 자란다

Word Review

1 한국(인)의
2 충분히
3 지구
4 점점 더워지다
5 자라다; 재배하다
6 이유
7 따뜻한
8 농부
9 나라
10 기후
11 가능한
12 ~에서 오다

Sentence Review

1 망고와 파파야는 열대 과일들이다 /
2 그것들은 더운 나라에서 온다 / 동남아시아의 /
3 하지만 이제 / 한국의 농부들은 그것들을 재배할 수 있다 /
4 어떻게 이것이 가능할까 /
5 한국이 충분히 따뜻한가 / 그렇다 /
6 그리고 여기에 그 이유가 있다 /
7 지구는 점점 더워지고 있다 /
8 이것은 한국의 기후를 더 덥게 만든다 / 또한 /
9 이제 / 몇몇 열대 과일들은 잘 자랄 수 있다 / 한국에서 /

---

20 내 기도가 할아버지에게 닿기를!

Word Review

1 (때가) 오다
2 하느님
3 할아버지
4 듣다
5 알다
6 큰 소리로
7 옆의; 다음의
8 기도하다
9 소리치다
10 때때로
11 이, 치아
12 ~에 대해 걱정하다

Sentence Review

1 John은 초콜릿을 아주 좋아했다 /
2 하지만 그의 엄마는 그의 치아에 대해 걱정했다 /
3 때때로 / 할아버지가 그에게 초콜릿을 주었다 /
4 John의 엄마는 아무 말도 하지 않았다 / 할아버지를 기쁘게 만들기 위해서 /
5 John의 생일이 다가오고 있었다 / 곧 /
6 그의 방에서 / John은 큰 소리로 기도했다 / 하느님 / 저에게 초콜릿을 주세요 / 제 생일에 /
7 그의 엄마는 물었다 / 왜 너는 소리를 지르고 있니 / John / 하느님은 잘 들으실 수 있단다 /
8 John은 말했다 / 저도 알아요 / 하지만 옆방에 계신 할아버지는 / 잘 못 들으세요 /

Word Review 41쪽

1 영원히	5 똥; 똥을 싸다	9 깨닫다
2 순환	6 땅	10 계속되다
3 삼키다	7 나타나다	11 갑자기
4 먹이 사슬	8 돌아오다	12 ~을 향하여

Sentence Review 42쪽

1 쥐 한 마리가 옥수수를 먹고 있다 / 갑자기 / 배고픈 뱀이 나타난다 / 맛있겠군 /

2 그 뱀은 쥐를 잡아먹는 것을 너무 좋아한다 / 그래서 그를 삼켜버린다 / 재빨리 /

3 하지만 그 뱀은 깨닫지 못한다 / 독수리 한 마리가 자신을 지켜보고 있다는 것을 / 하늘에서 /

4 그 독수리는 뱀을 잡아먹는 것을 좋아한다 / 그녀는 그 뱀을 향해 날아간다 / 그리고 그를 잡아먹는다 /

5 그 독수리는 똥을 싼다 / 땅 위에 /

6 그 똥은 땅을 좋고 건강하게 유지해 준다 /

7 새 옥수수가 자란다 / 그 좋은 흙으로부터 /

8 이제 / 우리는 먹이 사슬의 시작점으로 돌아왔다 / 새로운 옥수수와 함께 /

9 곧 / 또 다른 쥐가 나타날 것이다 / 그다음에는 뱀이 / 그다음에는 독수리가 /

10 이 생명의 순환은 계속될 것이다 / 영원히 /

Word Review 43쪽

1 지우다	5 사진	9 바꾸다
2 증명사진	6 빠른	10 간단한
3 준비가 된	7 부분	11 ~을 보다
4 인기 있는	8 배경	12 다운로드하다

Sentence Review 44쪽

1 당신은 새로운 증명사진이 필요한가 /

2 주기만 하라 / 당신의 사진들 중의 하나를 / AI에게 /

3 AI가 그것을 볼 것이다 / 그리고 멋진 증명사진을 만들어 줄 것이다 / 당신에게 / 빨리 /

4 AI는 당신의 옷을 바꿔줄 수 있다 /

5 그것은 당신이 미소를 짓게 만들 수도 있다 /

6 당신은 마음에 들지 않을지도 모른다 / 그 배경의 몇몇 부분들이 /

7 AI가 그것들을 바꾸거나 심지어 지울 수 있다 / 또한 /

8 이제 당신의 사진이 준비되었다 /

9 그것을 다운로드만 하면 된다 /

10 그것은 빠르고 간단하다 /

▬ Word Review

45쪽

1 가져오다	**5** 우승하다	**9** 장례식
2 믿다	**6** 운, 행운	**10** 죽음
3 시작	**7** 운동선수	**11** 하늘
4 신	**8** 의미하다	**12** 하지만

▬ Sentence Review

46쪽

1 오래전에 / 사람들은 믿었다 / 파란 하늘이 신들의 고향이다 /

2 그래서 파란색은 그들을 행복하게 느끼도록 만들었다 /

3 서양에서는 / 많은 사람들이 여전히 생각한다 / 파란색이 행운을 가져다준다 /

4 몇몇 운동선수들은 파란색을 입는다 / 우승하기 위해서 /

5 중국에서는 / 하지만 / 파란색이 새로운 시작이나 죽음을 의미할 수 있다 /

6 그래서 사람들은 때때로 파란색을 입는다 / 장례식에서 /

7 파란색은 멋진 색이다 /

8 그것은 많은 것을 의미할 수 있다 / 전 세계적으로 /

▬ Word Review

47쪽

1 다정한	**5** 쉽게	**9** 기회
2 친구를 사귀다	**6** 불편한	**10** ~의 주위에
3 자주	**7** 다가가다	**11** ~에 관심이 있다
4 이용하다	**8** 눈맞춤	**12** (응답하여) 바라보다

▬ Sentence Review

48쪽

1 당신은 파티에 있다 / 많은 남자아이들과 여자아이들이 있다 / 당신의 주위에 /

2 이것은 좋은 기회이다 / 새로운 친구들을 사귈 /

3 당신은 어떻게 시작할까 / 눈을 마주쳐라 /

4 만약 사람들이 당신을 쳐다보면 / 자주 / 그들은 당신에게 관심이 있을지도 모른다 /

5 만약 당신이 그들이 마음에 들면 / 그들을 다시 바라보라 /

6 하지만 그들을 쳐다보지 마라 / 너무 오래 /

7 이것은 그들을 불편하게 느끼도록 만들 수 있다 /

8 당신은 원하는가 / 당신의 눈맞춤을 더 다정하게 만들기를 /

9 그렇다면 그저 미소를 지어라 / 당신이 사람들을 바라볼 때 /

10 이것은 그들이 당신에게 다가오도록 도울 것이다 / 더 쉽게 /

  25 누가 아메리카 대륙을 발견했다고?

Word Review

49쪽

1 대답하다	5 장소, 지점	9 발견하다
2 특정한	6 웃으며	10 모이다; 모으다
3 지도	7 요청하다; 묻다	11 웃음을 터뜨리다
4 전체의	8 세계사	12 가리키다

Sentence Review

50쪽

1 세계사 수업 시간이다 /
2 학생들이 모인다 / 큰 지도 주위에 /
3 선생님이 그 학생들에게 요청한다 / 특정한 나라들을 찾으라고 /
4 그는 Ella부터 시작한다 /
5 미국은 어디에 있니 /
6 Ella는 한 지점을 가리킨다 / 지도 위의 / 그리고 말한다 / 그것은 여기에 있어요 /
7 아주 잘했어 / 선생님이 말한다 / 웃으며 /
8 그러고 나서 그는 Jack에게 묻는다 / 누가 아메리카 대륙을 발견했니 /
9 Jack은 대답한다 / Ella가 했어요 /
10 반 전체가 웃음을 터뜨린다 /

  26 세계적인 회사 이름은 어떻게 지어졌을까?

Word Review

51쪽

1 회사	5 이름; 이름을 지어주다	9 ～을 생각해 내다
2 팀	6 아무도 ～않다	10 ～을 생각하다
3 탄생, 출생	7 생각, 아이디어	11 ～까지
4 처음에	8 마감 시간	12 (정각) ～시

Sentence Review

52쪽

1 Steve Jobs는 컴퓨터 회사를 시작했다 / 1976년에 /
2 하지만 / 그것은 이름이 없었다 / 처음에 /
3 어느 날 / 그는 그의 팀에게 요청했다 / 이름을 생각해 보라고 / 그것을 위한 /
4 그는 말했다 / 이름을 찾아내세요 / 5시까지 /
5 만약 여러분들이 그러지 않으면 / 그것은 Apple이 될 것입니다 /
6 그 팀은 열심히 노력했다 / 아이디어를 모으기 위해 /
7 하지만 / 아무도 아이디어를 생각해 내지 못했다 / 마감 시간까지 /
8 그래서 Jobs는 그 회사에 Apple이라고 이름을 지어주었다 /
9 왜 Apple일까 /
10 사과는 그가 가장 좋아하는 과일이었다 /

Unit 09 **27 미래의 자동차**

Word Review

53쪽

1 사고	5 운전자	9 피하다
2 센서, 감지기	6 위험한	10 ~와 정보를 교환하다
3 승객	7 편리한	11 미래에
4 안전한	8 편히 쉬다	12 신호등

Sentence Review

54쪽

1 미래의 자동차는 / 매우 똑똑할 것이다 /
2 그것들은 운전자가 필요하지 않을 것이다 / 그것들은 스스로 주행할 것이기 때문에 /
3 사람들은 그들의 자동차를 원한다 / 안전하기를 / 걱정하지 마라 /
4 이러한 자율주행 자동차는 위험하지 않을 것이다 /
5 그것들은 카메라와 센서를 사용할 것이다 / 그것들이 운전하는 동안 /
6 그 자동차들은 도로를 볼 것이다 / 그리고 서로 정보를 교환할 것이다 /
7 이것은 그것들이 사고를 피하는 것을 도울 것이다 / 신호등이 없을 것이다 / 거리에는 /
8 하지만 그 자동차들은 알 것이다 / 언제 가고 멈춰야 하는지 /
9 승객들은 편히 쉴 수 있다 / 그 자동차 안에서 / 그들은 동영상을 보거나 간식을 즐길 수 있다 /
10 그 자동차들은 그들의 거실과 같을 것이다 / 얼마나 편리한가 /

Unit 10 **28 외로운 개에게 생긴 뜻밖의 가족**

Word Review

55쪽

1 ~을 돌보다	5 모든 곳에, 어디나	9 알아차리다
2 ~에게 다가가다	6 따라가다	10 연못
3 새끼 오리	7 외로운	11 가까이 머물다
4 잉글랜드	8 더 이상 ~아닌	12 ~ 없이

Sentence Review

56쪽

1 Daniel은 늙고 외로운 개였다 / 잉글랜드에 있는 /
2 그는 종종 새끼 오리들이 연못에서 헤엄치는 것을 보았다 /
3 그는 알아차렸다 / 그들이 엄마가 없다는 것을 /
4 어느 날 / 그 새끼 오리들이 Daniel에게 다가왔다 / 그리고 그의 가까이에 머물렀다 /
5 아마도 / 그들은 그를 아빠로 여겼던 것 같다 /
6 그날부터 / 그들은 그를 따라다녔다 / 어디에나 /
7 Daniel은 시작했다 / 그들을 돌보기를 / 마치 그가 그들의 아빠인 것처럼 /
8 그 이후로 / 그들은 더 이상 외롭지 않았다 /
9 Daniel과 그 새끼 오리들은 행복한 가족이 되었다 /

| Unit 10 | **29 플랫폼이 무엇인가요?** |

Word Review

1 검색하다	5 나중에	9 의미하다
2 공유하다	6 평평한, 납작한	10 장소
3 기다리다	7 등장하다	11 조각
4 나무, 목재	8 웹사이트	12 중요한

Sentence Review

1 오래전에 / '플랫폼'은 그저 평평한 나무 조각이었다 /

2 나중에 / 기차가 등장했다 /

3 그러고 나서 / 그것은 장소가 되었다 / 기다리기 위한 /

4 오늘날 / 플랫폼은 웹사이트를 의미한다 /

5 우리는 사람들이 이야기하고 검색하는 것을 볼 수 있다 / 그곳에서 /

6 구글과 유튜브는 큰 플랫폼이다 /

7 우리는 많은 중요한 일들을 한다 / 그곳에서 /

8 우리는 아이디어를 공유한다 / 그리고 재미있는 동영상을 시청한다 /

| Unit 10 | **30 앵무새가 말한 숫자의 정체는?** |

Word Review

1 짹짹거리다	5 부러진	9 날개
2 전화하다	6 똑같은	10 가르치다
3 전화번호	7 데리고 가다	11 ~에 대해 궁금해하다
4 앵무새	8 (전화를) 받다; 대답하다	12 (차로) 데리러 가다

Sentence Review

1 John은 걸어가고 있었다 / 길을 따라 / 그때 그는 앵무새 한 마리를 보았다 / 날개가 부러진 / 나무 아래에서 /

2 그가 멈춰서 그것을 보았을 때 / 그 새는 몇 가지 숫자를 짹짹거렸다 /

3 John은 깜짝 놀랐다 / 그는 알고 있었다 / 몇몇 앵무새들이 단어를 말할 수 있다는 것을 /

4 하지만 그는 앵무새가 숫자를 말하는 것을 들어본 적이 없었다 /

5 그는 그 숫자들에 대해 궁금했다 / 그래서 그는 그 새를 집으로 데려갔다 /

6 그것은 계속 같은 숫자를 말했다 / John은 생각했다 / 아마도 / 그것은 전화번호인 것 같다 /

7 그래서 그는 그 번호로 전화를 걸었다 / 그의 전화기로 /

8 한 여자가 전화를 받았다 / 그리고 말했다 / 그 앵무새는 제 거예요 /

9 제가 제 전화번호를 가르쳤어요 / 그에게 /

10 그다음 날 / 그 여자는 자신의 새를 데리러 왔다 / 그리고 John에게 그의 도움에 대해 감사했다 /

Word Review

1 (알이) 부화하다
2 ~ 밖으로
3 ~의 곳곳에
4 기어오르다
5 날씨
6 도로, 길
7 뒤, 뒤쪽
8 발생하다, 일어나다
9 발생하다, 일어나다
10 병아리
11 작은
12 흥미로운, 재미있는

Sentence Review

1 중국에서 / 재미있는 일이 벌어졌다 / 한 트럭 위에서 /
2 그 트럭은 달리고 있었다 / 도로 위를 /
3 그것은 많은 달걀을 싣고 있었다 / 뒤에 /
4 날씨가 매우 더웠다 /
5 그래서 그 달걀들이 시작했다 / 부화하기 /
6 곧 / 작은 병아리들이 있었다 / 트럭의 곳곳에 /
7 몇몇 병아리들은 심지어 기어올랐다 / 트럭 밖으로 /
8 하지만 / 그 운전수는 몰랐다 / 무슨 일이 일어나고 있는지 /
9 그는 그냥 계속 운전했다 /

Word Review

1 탐험하다
2 찾다
3 이점, 유리한 점
4 암석, 바위
5 소유하다
6 상상하다
7 보물
8 땅
9 달
10 금속
11 귀중한
12 ~에 관심이 있다

Sentence Review

1 많은 나라들이 달에 관심이 있다 /
2 당신은 아는가 / 그들이 왜 관심을 그렇게 많이 가지는지 /
3 달이 보물의 땅이기 때문이다 /
4 그것은 많은 귀금속과 암석을 가지고 있다 /
5 과학자들은 심지어 물을 발견하기도 했다 / 그곳에서 /
6 그래서 몇몇 사람들은 그곳에 사는 것을 상상한다 / 언젠가 /
7 하지만 / 아무도 달을 소유하고 있지 않다 / 지금은 /
8 만약 누구든지 그것을 탐험하면 / 먼저 / 그들은 이점을 얻게 될 것이다 /

Word Review 65쪽

1 흔들리다	5 인간	9 땅
2 행동하다	6 이상하게	10 넘어지다, 쓰러지다
3 평소와 달리, 특이하게	7 언덕	11 (틈이) 벌어지다
4 지진	8 알아내다	12 (개가) 짖다

Sentence Review 66쪽

1 2009년 / 이탈리아에서 많은 개들이 / 짖기 시작했다 / 갑자기 /
2 다른 개들은 달려갔다 / 언덕 위로 /
3 그들은 겁에 질려 보였다 /
4 사람들은 알아낼 수 없었다 / 왜 그 개들이 행동하고 있는지 / 특이하게 /
5 몇 시간 후에 / 모든 것이 시작했다 / 흔들리기 /
6 땅이 흔들리고 있었다 /
7 집들과 건물들이 시작했다 / 넘어지기 / 지진이 일어나고 있었다 /
8 곧 / 땅이 벌어졌다 / 더 많은 건물들이 무너졌다 /
9 오늘날 / 사람들은 이해한다 / 왜 그 개들이 행동했는지 / 그렇게 이상하게 /
10 인간들은 모른다 / 언제 지진이 일어날지 / 하지만 동물들은 안다 /

Word Review 67쪽

1 (잠자리에서) 일어나다	5 발명가	9 좌우로
2 ~라고 불리는	6 서두르다, 급히 가다	10 쉬운
3 (잠에서) 깨다	7 침대를 정리하다	11 해결하다; 풀다
4 다행히도	8 위아래로	12 흔들리다

Sentence Review 68쪽

1 당신은 일어나는가 / 쉽게 / 아침에 /
2 그것은 쉽지 않을 수 있다 /
3 때때로 / 당신은 깰지도 모른다 / 늦게 / 그리고 서둘러 학교에 간다 /
4 다행히도 / 한 발명가가 이 문제를 해결했다 /
5 그는 놀라운 침대를 만들었다 / Bed Shaker라고 불리는 /
6 그것은 당신이 일어나는 것을 돕는다 / 쉽게 /
7 시간이 되면 / 일어날 / 침대가 흔들리기 시작한다 /
8 그 침대는 계속 흔들린다 / 당신이 침대 밖으로 나올 때까지 /

Word Review

69쪽

1 (돈을) 벌다	**5** 보내다	**9** 서로
2 가까운	**6** 부양하다	**10** 유명한
3 가난한; 불쌍한	**7** 살아 있는	**11** 죽다
4 무덤	**8** 생계를 꾸리다	**12** 화가

Sentence Review

70쪽

1 Vincent van Gogh는 유명한 화가이다 / 오늘날 /

2 하지만 그는 돈을 벌지 못했다 / 그가 살아 있었던 동안 /

3 그렇다면 그는 어떻게 생계를 유지했을까 /

4 그의 남동생 Theo가 / 그를 부양했다 /

5 그는 가난한 Vincent를 사랑했다 /

6 Theo는 그에게 돈을 보냈다 / 평생 동안 /

7 Theo는 죽었다 / Vincent가 죽고 6개월 후에 /

8 그들은 죽은 후에도 / 그들은 여전히 가까이 있다 / 서로에게 /

9 Theo의 무덤은 있다 / 그의 형의 것(무덤) 바로 옆에 /

Word Review

71쪽

1 경험	**5** 독특한; 유일한	**9** 상상력
2 이미지; 그림	**6** 동시에	**10** 마음
3 기억하다	**7** 각각의	**11** 작동하다
4 다르게	**8** 이해하다	**12** 하지만

Sentence Review

72쪽

1 우리는 동영상을 볼 때 / 우리는 그것을 이해한다 / 빨리 / 당신은 그 이유를 아는가 /

2 우리가 내용을 보고 듣기 때문이다 / 동시에 /

3 이것은 우리가 그것을 이해하는 것을 돕는다 / 쉽게 /

4 만약 사람들이 똑같은 동영상을 본다면 / 그들은 똑같은 것들을 기억할 것이다 /

5 우리가 책을 읽을 때 / 하지만 / 우리의 뇌는 작동하다 / 다르게 /

6 우리가 단어들을 읽는 동안 / 우리는 이미지를 만든다 / 우리의 마음속에 /

7 이 이미지들은 다르다 / 사람마다 /

8 무슨 일이 일어날까 / 사람들이 같은 책을 읽을 때 /

9 그들은 다른 것들을 생각할 수 있다 / 책은 우리가 우리의 상상력을 사용하도록 한다 /

10 이것이 모두의 독서 경험을 독특하게 만든다 /

MEMO

visang

ONLY META

교과서 발행사가 만든

11,694개 학교에서 사용하는 비상 교과서

검증된 학습법으로

직접 쓰고 그리고 말하는 개뼈노트 업로드 74만 건 돌파!

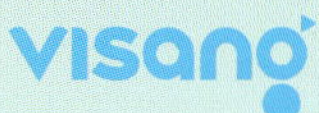

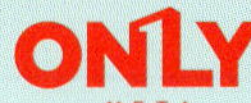

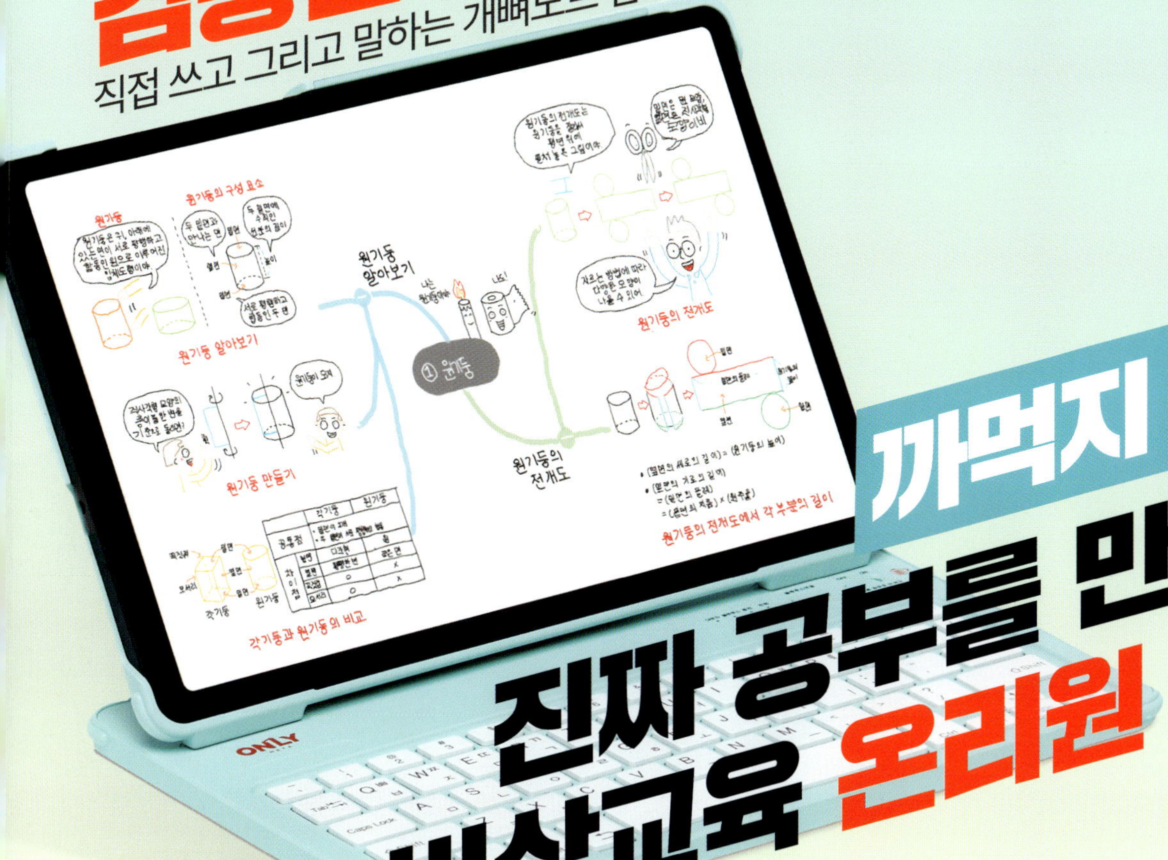

까먹지 않는 진짜 공부를 만드는 비상교육 온리원 초등

업계 유일! 전과목 그룹형 라이브 화상수업

특허* 받은 메타인지 학습법으로 오래 기억되는 공부

초등 베스트셀러 교재 독점 강의 제공

10일간 전 과목 전학년

0원 무제한 학습!

무료체험 알아보기

비상교육 온리원 ▼

문의 1588-6563 | www.only1.co.kr

* 특허 등록번호 제 10-2374101호 개뼈노트

* 2014~2022 국가 브랜드 대상 '초중고교과서', '중고등교재' 부문 1위

Reader's Bank 독해 잠재력이 독해 실력으로 바뀌는 영어 독해의 모든 것

대표전화 1544-0554
주소 경기도 과천시 과천대로2길 54(갈현동, 그라운드브이)